AF215837

Heinrich Müller

Forderungspfandrecht und Sicherungszession

Heinrich Müller

Forderungspfandrecht und Sicherungszession

ISBN/EAN: 9783743646780

Hergestellt in Europa, USA, Kanada, Australien, Japan

Cover: Foto ©Suzi / pixelio.de

Weitere Bücher finden Sie auf **www.hansebooks.com**

FORDERUNGSPFANDRECHT

UND

SICHERUNGSCESSION

—•—

INAUGURAL-DISSERTATION

ZUR

ERLANGUNG DER JURISTISCHEN DOKTORWÜRDE

BEI DER

HOHEN JURISTISCHEN FAKULTÄT

DER KÖNIGL. BAYR. FRIEDRICH-ALEXANDER-UNIVERSITÄT

ZU ERLANGEN

EINGEREICHT

von

HEINRICH MÜLLER

REFERENDAR

DÜSSELDORF

DRUCK VON L. SCHWANN

1897.

MEINEN LIEBEN ELTERN

IN DANKBARER VEREHRUNG

Inhalt.

———

— —∿∿∿— —

Litteratur.

A r n d t s, Pandekten 1853.
B ä h r, Zur Cessionslehre: Jahrb. f. Dogm. Bd. 1, S. 351 ff.
B a r o n, Pandekten 1890.
B e k k e r, Zur civil. Litteratur: Krit. V.-J.-Schr. Bd. 6, S. 460 f.
  — Konstrukt. Jurisprudenz: Krit. V.-J.-Schr. Bd. 15, S. 593 f.
B r e m e r, Das Pfandrecht und die Pfandobjekte 1867.
B u c h k a, de pignore nominis 1843.
B u d d e, Entscheidungen des Oberapp.-Gerichts in Rostock. Bd. 9, S. 144 ff. und
    Bd. 8, S. 80 ff.
B ü r k e l, Zur Litteratur: Krit. V.-J.-Schr. Bd. 11, S. 215 f.
D o r n b u r g, Pandekten 1884.
  — Pfandrecht: 2 Bände 1860.
D r e y e r, Das fiduz. Rechtsgeschäft: Gruchots Beitr. Bd. 40, S. 233 ff.
E b e r h a r d, Verpfändung von Forderungen 1860.
E i s e l e, Verpfändung von Servituten: Arch. f. civ. Pr. Bd. 63, S. 117.
  — Civilist. Kleinigkeiten: Jahrb. f. Dogm. Bd. 23, S. 246 ff.
  — Über Kretschmars secum pensare: Krit. V.-J.-Schr. Bd. 23, S. 549.
Entscheidungen des Reichsgerichts in Civilsachen: Bd. 2, S. 170; Bd. 24, S. 163 ff
    Bd. 30, S. 274 f.
Entscheidungen des Reichs-Oberhandelsgerichts Bd. 3, S. 435.
Entwurf des bürgerl. Gesetzb. f. d. D. R.: Kommissionsberichte 1890, Sachenrecht
    III. Bd., S. 1910 ff.
E x n e r, Kritik des Pfandrechtsbegriffs 1873.
G a u p p, de nominis pignore 1820.
G e s t e r d i n g, Schuldverbindlichkeit als Objekt des Pfandrechts 1832.
H a n a u s e k, Lehre vom uneigentlichen Niessbrauch 1879.
H a r t m a n n, Die Obligation 1875.
  — Rechte an eigner Sache: Jahrb. f. Dogm. Bd. 17, S. 69 ff.
H e l l w i g, Verpfändung und Pfändung von Forderungen 1883.
  — Zulässigkeit der Eigentumsübertragung zur Sicherheit einer Forderung
    Arch. f. civ. Pr. Bd. 64, S. 369 ff.
H o f m a n n, Zur Litt. des Pfandrechts: Krit. V.-J.-Schr. Bd. 12, S. 524 f.
H o t t i n e a n u s, de pignore nominis 1875.
H u s c h k e, de pignore nominis 1820.
K e l l e r, Pandekten 1861.
K l e i n e r, Die rechtl. Natur des pignus nominis. Diss. 1885.
K o h l e r, Mentalreservation und Simulation: Jahrb. f. Dogm. Bd. 16, S. 91 ff. und
    325 ff.
  — Pfandrechtliche Forschungen 1882.
K r a s n o p o l s k i, Zur Litteratur: Grünhuts Zeitschr. Bd. 12, S. 507 f.
K r e t s c h m a r, secum pensare 1860.
K r ü g e r, Kurze Anzeigen: Krit. V.-J.-Schr. Bd. 16, S. 115 f.
L a n g, Wirkungen der fiduz. Geschäfte: Arch. f. civ. Pr. Bd. 83, S. 236 ff.
L a z a r u s, Die rechtl. Natur des Pfandrechts an Forderungen. Diss. 1889.
L e i s t, Die Sicherung von Forderungen durch Übereignung von Mobilien 1889.

VIII

Linckelmann, Die Sicherheitsübereignungen: Arch. f. bürgerl. Recht Bd. 7.
S. 209 ff.
Mansbach, Niessbrauch an Forderungen 1880.
Marcus, Verpfändung ausstehender Forderungen 1876.
Motive zum Entwurf eines bürgerl. Gesetzbuchs 1888, Bd. III, S. 840 ff.
Mühlenbruch, Cession der Forderungsrechte 1836.
Oertmann, Pfandrecht an eigner Schuld: Arch. f. civ. Pr. Bd. 81, S. 82 ff.
Oetker, Stellung des Forderungspfandgläubigers im Konkurs des Drittschuld-
ners: Festschrift f. Buchka 1891.
Pfaff, Geld als Mittel pfandrechtlicher Sicherstellung 1869.
Pfersche, Über Hellwigs Verpfändung: Krit. V.-J.-Schr. Bd. 27, S. 208 f.
Puchta, Pandekten 1866.
Regelsberger, Beiträge zur Lehre von der Cession: Arch. f. civ. Pr. Bd. 63,
S. 157 ff.
— Pandekten 1888.
Salpius, Novation und Delegation 1864.
Scheurl, Zur civil. Litteratur: Krit. V.-J.-Schr. Bd. 2, S. 490 f.
Schmid, Grundlehren der Cession, 2 Bände 1866.
Schott, Die accessor. Natur des Pfandrechts: Jahrb. f. Dogm. Bd. 15, S. 1 ff.
Schröder, Das Klagerecht des Forderungspfandgläubigers gegen den Dritt-
schuldner. Diss. 1899.
Skonietzki, Sicherstellende Rechtsverhältnisse: Gruchots Beitr. Bd. 27, S. 415 ff.
Sintenis, Handbuch des Pfandrechts 1883.
Sohm, Lehre vom subpignus 1864.
Stöcker, Grundsätze der Lehre vom Pfandrecht an Forderungen: Arch. f. prakt.
R.-W., N. F. Bd. 7, S. 337 ff.
Struckmann und Koch, Civilprozessordnung 1895.
Trotsche, Verpfändungsrecht des Pfandgläubigers 1831.
Vangerow, Pandekten 1868.
Windscheid, Pandekten 1891.
— Die actio des röm. Civilrechts 1856.
Wittelshöfer, Pfandrecht an Forderungen 1876.

Einleitung.

§ 1.

„Die Lebensbedingung des Rechtsverkehrs ist der Kredit." [1] Kredit bedeutet Anvertrauen von Kapital auf Zeit, und es ent- springt aus solchem Anvertrauen für den Kreditgeber ein For- derungsrecht, für den Kreditnehmer eine Schuldverbindlichkeit. Hat das Anvertrauen seinen Grund in dem Wert einer Person, in ihrer Redlichkeit, in ihrer sozialen Stellung, so spricht man von Personalkredit. Vertraut der Kreditgeber seinem Schuldner, weil er für den Fall seiner Nichtbefriedigung Bezahlung suchen darf aus besonders ihm angewiesenen Vermögensstücken, so nennt man den Kredit Realkredit. [2] Stets wird sich in einem blühenden Geschäftsverkehr Personalkredit und Realkredit er- gänzen müssen, und doch kann es kommen, dass, wie in Rom, der Personalkredit in der Anwendung bei weitem überwiegt, oder, wie in der modernen Verkehrswelt, der Realkredit eine vorherrschende Stellung einnimmt; bei den Römern zeigt sich eine Fülle von Bürgschaftsgeschäften, dabei ein wenig ent- wickeltes Pfandrecht, heute kommt Bürgschaft weniger häufig vor, eine um so reichere Entwicklung und Gestaltung musste aber das Pfandrecht erfahren. Mit der Umgestaltung des Pfand- rechts, die gefordert wurde von den kreditsichernden Prinzipien der Publizität und Spezialität, die das moderne Pfandrecht be- herrschen und durchdringen, musste das Institut der Mobiliar- hypothek fallen. Da aber die in machtvoller Entwicklung be- griffene Kreditwirtschaft vollen Ersatz für ein so häufig an- gewandtes Institut verlangte, so suchte man die Benutzung von

---

[1] Vgl. Dernburg, Pand. I. S. 631.
[2] Vgl. Baron, Pand. S. 302.

Mobilien zur Sicherstellung persönlicher Forderungen durch eine Reihe anderer pfandähnlicher Geschäfte zu sichern. Um als Mittel zur Realsicherung von Forderungen zu dienen, entstanden neue Rechtsformen in den bedingten und in den fiduziarischen Eigentumsübertragungen. Die altrömische fiducia war wieder hervorgeholt und, einmal da, bot sie nun ihre Form auch für ein anderes, der fiduziarischen Eigentumsübertragung analoges Geschäft, der fiduziarischen Cession, die neben anderen Zwecken auch dem Zweck der Sicherstellung, als cessio in securitatem, zu dienen geeignet ist. Die Übertragung einer Forderung zur Sicherung einer anderen Forderung weist nun eine grosse Ähnlichkeit auf mit der Verpfändung einer Forderung, dem pignus nominis. Einander gegenübergestellt, zeigen beide Rechtsgeschäfte sofort folgendes Übereinstimmende: Das pignus nominis wie die cessio nominis in securitatem dienen beide der Sicherstellung einer daneben bestehenden Forderung, und beide räumen dem Gläubiger der zu versichernden Forderung gewisse mehr oder minder umfangreiche Rechtsbefugnisse an Bestandteilen des dem Verpfänder gehörenden Vermögens ein. Diese beiden Punkte der Übereinstimmung sind die zwei notwendigen Charakterzüge des Pfandzwecks.[1]) Obgleich von verschiedener rechtlicher Form, sind beide erwähnten Rechtsgeschäfte einem grossen wirtschaftlichen Zweck unterstellt, dem Pfandzweck. Die Einheit des Zwecks und die Verschiedenheit der Form solcher Geschäfte bestimmt Dernburg, neben dem Pfandrecht im engern Sinne, dem Sachenpfandrecht, noch ein Pfandrecht im weitern Sinne[2]) anzunehmen, wozu alle übrigen Pfandgeschäfte, nach Dernburg auch das pignus nominis, zu zählen sind. Wird auch die Zweiteilung des Pfandrechts gebilligt, so ist der Rahmen des Pfandrechts im engern Sinne doch zu eng gezogen, da das pignus nominis dem Sachenpfandrecht unbedingt analog zu behandeln ist.[3])

Was bei Betrachtung der beiden verschiedenen Arten von Pfandrechtsgeschäften, die wir vergleichen wollen, sofort auffallen muss, ist die Verschiedenheit der Wirkungen, mit denen

---

[1]) Vgl. Dernburg, Pfandr. I. S. 96 f.
[2]) Daselbst.
[3]) Wie der folgende § zeigen wird.

sie behaftet sind. Das zeigen deutlich ihre Analoga. Bei dem pignus rei bleibt der Verpfänder Eigentümer der verpfändeten Sache, der Pfandgläubiger hat lediglich zwecks Sicherstellung und eventueller Befriedigung ein Recht an einer fremden Sache; bei der fiduziarischen Eigentumsübertragung entäussert sich der Schuldner vollständig seines Eigentumsrechts und überträgt dasselbe zwecks Sicherstellung und eventueller Befriedigung seinem Gläubiger. Tilgt bei dem pignus der Schuldner seine Schuld, so erlischt sofort ipso iure das Pfandrecht; tilgt bei der fiducia der Schuldner seine Schuld, so bedarf es erst einer Rückübertragung des Eigentums, damit der Schuldner wieder in sein volles Recht gelangt. Veräussert der Faustpfandgläubiger in vertragswidriger Weise die Sache, so kann der Verpfänder mittels rei vindicatio sich sofort die Sache wieder aneignen, veräussert der Fiduziar in treuloser Weise, so steht der Hingebende dem dritten Besitzer der Sache hilflos gegenüber, da er nur gegen den Fiduziar ein persönliches Rückforderungsrecht besitzt. Die Sicherung des Fiduziars äussert sich in unbeschränkten Wirkungen, die Rechtsstellung des Faustpfandgläubigers ist eine beschränktere. Während jene dem Gläubiger zuviel gibt, lässt diese dem Gläubiger genug.

Die Analogie zeigt uns gleiche Wirkungen, soweit deren rechtliche Natur nichts anderes fordert, bei dem pignus nominis, dem Forderungspfandrecht, und der cessio nominis in securitatem, der Sicherungscession, die nunmehr nach den Gesichtspunkten von Voraussetzung und Wirkung zu vergleichen sind.

Erstes Kapitel.

Begriff und Geschichte.

A. Das Forderungspfandrecht.

§ 2.

Solange im römischen Recht fiducia und pignus die einzigen Verpfändungsgeschäfte waren, konnte notwendig von einer Verpfändung unkörperlicher Sachen keine Rede sein. Erst nachdem die Hypothek in Rom zu allgemeiner Anerkennung gekommen, drang auch die Erkenntnis durch, dass, quod emtionem venditionemque recipit, etiam pignerationem recipere potest,[1] dass also neben den körperlichen Sachen auch andere Vermögensstücke zu Pfandobjekten geeignet seien. So „zog das Pfandrecht, in seiner historischen Entwicklung von dem Pfandrecht an der Sache ausgehend, unter der Hand der römischen Juristen allmählich den Bedürfnissen des Verkehrs folgend, den ganzen Kreis der Vermögensstücke in sein Gebiet." [2] Von einem nomen pignori datum spricht zuerst Pomponius,[3] und es ist daraus errichtlich, dass die Verpfändung einer Forderung schon zu Anfang des zweiten Jahrhunderts der Kaiserzeit vorkam. In den Quellen findet das pignus nominis eine recht dürftige Behandlung[4] und zwar mit dem Pfandrecht an Sachen zusammen, woraus sich ergibt, dass dieses „Pfandrecht an Rechten" als eine Unterart des Pfandrechts überhaupt, genauer als Pfandrecht im engern Sinn aufzufassen ist. Obgleich die Römer ein eigent-

---

[1] Vgl. Gaius in l. 9 § 1 D. de pign. et hyp. 20, 1.
[2] Vgl. Sohm a. a. O. S. 15.
[3] Bei Marcian in l. 13 § 2 D. cit.
[4] In den Digestentiteln: de pigner. act. vel contra, de pign. et hyp.; in dem Codextitel: quae res pignori.

liches Recht an einem fremden Recht nicht kannten, zwangen
sie förmlich den Juristen durch die Stellung, die sie dem pignus
nominis im System der Digesten anwiesen, dieses, analog dem
ius in re, als ein ius in iure, als ein Recht am Recht zu kon-
struieren. Die Eigentümlichkeiten und Abweichungen von den
gewöhnlichen Grundsätzen des Sachenpfandrechts brachten je
doch viele Rechtslehrer zu der Ansicht, das Forderungspfandrecht sei gar kein eigentliches Pfandrecht, es verfolge zwar denselben wirtschaftlichen Zweck wie das Sachenpfandrecht, den
allgemeinen Pfandzweck, nämlich Sicherstellung des Gläubigers
mittels Anweisung auf den Vermögenswert eines bestimmten
Objekts,[1] im übrigen aber seien beide Geschäfte durchaus verschiedener rechtlicher Natur. Im Gegensatz zu dem eigentlichen, dem Sachenpfandrecht, dem „dinglichen Recht eines
Forderungsgläubigers an einer fremden körperlichen Sache, ver-
möge dessen er zur Rückhaltung des Sachbesitzes und zum
Verkauf im Falle nicht rechtzeitiger Schuldtilgung berechtigt
wird",[2] liege in der Forderungsverpfändung eine Art Cession,
eine den Pfandrechtszwecken entsprechend geformte Cession.
Diese eigengeartete Cession ist auf verschiedene Weise denkbar,
und es weisen daher die einzelnen Cessionstheorien wieder ganz
verschiedene Auffassungen auf.

Die Verfechter der Theorie der bedingten Cession[3] erblickten
in der Verpfändung einer Forderung eine bedingte oder even-
tuelle Cession, „d. h. die Befugnis, die Forderung gleichsam als
Cessionar in den Fällen geltend zu machen, wo der Gläubiger
sonst in die Lage kommt, seiner Sicherheit wegen von der hypo-
hecaria actio Gebrauch machen zu müssen". Bis zum Eintritt
der Bedingung, solange also die gesicherte Schuld noch nicht
fällig ist, wird nun nach Mühlenbruch durch Zahlung an den
Verpfänder die verpfändete Schuld getilgt. Wo bleibt denn da
aber die Sicherstellung des Pfandgläubigers, der während der
schwebenden Bedingung dem Drittschuldner gegenüber inbezug
auf die verpfändete Forderung überhaupt noch gar kein Recht

---

[1] Nach Stöcker a. a. O. S. 388.
[2] Vgl. Dornburg, Pfandr. I, S. 97.
[3] Vgl. Mühlenbruch a. a. O. S. 522 f.; Gaupp a. a. O. § 6;
Huschke a. a. O. S. 17, 33 f.

besitzt?[1]) Welchen Sinn hat die nach Verpfändung der Forderung vor Eintritt der Bedingung erfolgte Denunziation, wenn der
Pfandgläubiger noch gar kein Recht in Händen hat und der
Verpfänder daher trotz Denunziation Zahlung vom Drittschuldner
annehmen darf? Ferner, wird die versicherte Schuld nicht
rechtzeitig getilgt, tritt also die fragliche Bedingung ein, so ver-
wandelt sich die bedingte Cession in eine reine Cession, also
der Pfandgläubiger tritt in das volle Gläubigerrecht des Verpfänders ein, d. h. doch: bei Einziehung des Gegenstandes der
Forderung wird er notwendig Eigentümer der res debita. Aber
diese Konsequenz zieht man nicht, denn die Quellen[2]) stehen
im Wege. Man nimmt ein Pfandrecht[3]) oder gar nur ein Retentionsrecht[4]) an. Die Theorie steht daher im Widerspruch
mit dem Pfandrechtszweck und den Quellen.

Die Theorie der beschränkten Cession[5]) lässt der Cession[6])
eine den Pfandrechtszwecken bei weitem mehr entsprechende
Modifikation angedeihen. Die Forderungsverpfändung stellt sich
hiernach dar als „eine eigene Spezies der Cession, bei welcher
die Befugnisse des Cessionars den Zwecken des Pfandrechts ge-
mäss beschränkt sind, so dass sie mit der Tilgung der versicherten Forderung erlöschen". Der Pfandgläubiger erhält Ausübung
und Geltendmachung der Forderung, dem Verpfänder wird die
freie Disposition entzogen. Eine mehrfache Verpfändung, die
dem Verpfänder anerkanntermassen zusteht, ist hier unmöglich.
Das Objekt der Weiterverpfändung könnte stets nur das sein,
was der Verpfänder schon einmal fortgegeben hat. Wie kann
der Pfandgläubiger ferner bei Ausübung der Verkaufsbefugnis,

---

[1]) Vgl. Stöcker a. a. O. S. 364.
[2]) L. 18 pr. D. de pign. act. 13, 7; l. 13 § 2 D. de pign. et
hyp. 20, 1.
[3]) Vgl. Gaupp a. a. O. S. 104, 105; Huschke a. a. O. S. 41, 42.
[4]) Vgl. Mühlenbruch a. a. O. S. 525.
[5]) Vgl. Dernburg, Pfandr. I, S. 462.
[6]) Als Anlehnungen an die Theorie der beschränkten Cession erscheinen die Exnersche (a. a. O. S. 134, 135) Theorie der Verpfändung der res debita und die Theorie der konstitutiven Succession,
durch Mansbach (a. a. O. S. 40) und Hanausek (a. a. O. S. 67)
vertreten. Sie teilen das Schicksal der Verwerflichkeit mit der
Theorie, deren Ausfluss sie sind.

da ihm doch nur ein „materiell beschränktes" Recht gegen den
Drittschuldner zustehen soll, dem Käufer der Forderung, der in
seiner Stellung einem gewöhnlichen Cessionar gleich ist, ein von
diesen Beschränkungen befreites Recht verschaffen?[1] Und wie
rechtfertigt sich bei Ausübung des ius exigendi, vom Standpunkt
der Succession in ein Recht, der Erwerb des Pfandrechts an
der eingetriebenen Sache für den Pfandgläubiger aus der Person
des Drittschuldners? Eine konstitutive Succession kann aber
doch nie und nimmer auf Forderungsrechte Anwendung finden![2]
Wo bleibt dabei ferner das Vorbild für die volle Cession, welches
man doch in dieser pfandrechtlichen Cession erblickte?[3] Auch
diese Theorie leidet also an Inkonsequenzen.

Eine weitere Theorie ist die der kooptierenden Cession.[4]
Es geht die Forderung auf den Pfandgläubiger über, ohne dass
der Verpfänder sein bisheriges Recht verliert. Es tritt der
Forderungspfandgläubiger zu dem Verpfänder bei Schwebe des
Pfandnexus in ein Solidargläubigerverhältnis. Damit aber wird
der pfandrechtliche Gedanke nicht zum Ausdruck gebracht, da
der Pfandgläubiger doch ein Recht an einem fremden Objekt
haben soll.[5] Will man in der Verpfändung einer Forderung
eine Cession sehen, und mag sich diese Cession den weitest-
gehenden Modifikationen unterwerfen müssen, immer noch muss
diese eigengeartete Cession eine Cession bleiben. Die kooptierende
Cession aber ist keine Cession mehr, sie widerspricht dem innern
Wesen der Cession,[6] als der Forderungsübertragung von dem
bisherigen auf einen neuen Gläubiger.

So bestechend im ersten Augenblick die Auffassung ist,
dass in der Forderungsverpfändung eine Art Cession liege, so
verkehrt ist sie aber auch. Die Cession ist darauf gerichtet,
die cedierte Forderung zu einer eigenen des Cessionars zu
machen; die Verpfändung geht darauf aus, dass der Pfandgläubiger die Forderung als fremde für sich geltend machen

---

[1] Vgl. Hellwig, Verpfändg. S. 24.
[2] Vgl. daselbst S. 25, 27.
[3] Vgl. Bähr a. a. O. (Bd. I) S. 374; Salpius a. a. O. S. 406 f.
[4] Vgl. Hellwig, Verpfändg. S. 57 ff.
[5] Vgl. Windscheid, Pand. § 239 Note 10.
[6] Vgl. Kleiner a. a. O. S. 61.

darf.[1]) Das ist der grundlegende Unterschied. „Verpfändung ist keine Übertragung des Rechts; für den Pfandgläubiger bleibt das verpfändete Recht nach wie vor ein fremdes Recht. Aber an diesem fremden Recht erhält er ein bisher nicht vorhandenes neues Recht."[2]) Die richtige Auffassung ist und bleibt also die Auffassung der Forderungsverpfändung als eines Rechts am Recht.[3]) Dass dieses Recht kein dingliches ist[4]) und sein kann, ergibt sich aus der Natur des „Mutterrechts".[5]) Da der Verpfänder nur ein persönliches Recht gegen den Drittschuldner hat, kann das Recht des Pfandgläubigers, welches zwar ein verschiedenes, neu geschaffenes Recht ist, aber doch nur die Ausübung des verpfänderischen Rechts zum Inhalt hat,[6]) kein dingliches Recht[7]) sein. Das Wesen der „Rechtsvertretung" schliesst es vollständig aus, dass das „Tochterrecht" ein stärkeres sei, als das „Mutterrecht", dem jenes seine Existenz verdankt.[8]) Es kann daher in der Verpfändung einer Forderung nur ein persönliches Recht am Recht liegen.[9]) Dass man Anstoss nahm an dem im juristischen Sprachgebrauch rezipierten Ausdruck „Recht am Recht", war grundlos, und wie man behaupten kann,

---

[1]) Vgl. Motive Bd. III S. 860; und Kommissionsberichte des Entwurfs. Sachenrecht III, S. 1929: „Die Abtretung schafft einen Wechsel in der Person des Berechtigten, die Verpfändung nur ein eigenes Recht auf Ausübung des dem Verpfänder verbleibenden Rechts."

[2]) Vgl. Bremer a. a. O. S. 59.

[3]) Vgl. auch Motive a. a. O. S. 860: „Die Auffassung, wonach in der Verpfändung einer Forderung eine bedingte oder beschränkte Cession liegt, wird abgelehnt."

[4]) Vgl. schon Donellus ad l. 4 C. quae res pignori 8, 16: „Et hypothecariam intelligere non possumus, haec enim possessionem pignoris avocat, nomen autem ius est, cuius nulla est possessio", und die meisten Neueren.

[5]) Vgl. Pfersche a. a. O. S. 210.

[6]) Vgl. Pfersche daselbst S. 208 u. 210; Sohm S. 45; Stöcker S. 312.

[7]) Die Ansichten von Trotsche (a. a. O. S. 75) und Bremer (a. a. O. S. 110) dürften heute endgültig widerlegt sein.

[8]) Vgl. l. 3 § 1 D. de pign. et hyp. 20, 1: „non plus habere creditor potest, quam habet, qui pignus dedit."

[9]) Vgl. dazu Sohm a. a O. S. 27, 43; Marcus S. 11, 59; Windscheid, 2. Aufl., Pand. § 42 a. E. u. 121 a. E.; Bekker a. a. O. Bd. 6, S. 479; Bürkel a. a. O. S. 225.

„ein Recht am Recht sei ein logisches und juristisches Unding",
ist nicht erklärlich.[1]) — Das Recht an einem fremden Recht
hat zum unmittelbaren Gegenstand stets das Recht[2]), mag man
auch als „ferneren Gegenstand" die subjizierte Sache oder die
verpflichtete Person bezeichnen. Ist es denn unmöglich, dass
der Wille eines Berechtigten massgebend sein kann für „die
Verwirklichung oder für das Sein eines fremden Rechts"?[3])
Widerspricht es der Vernunft, wenn man mir „das Recht gibt,
das Dürfen, welches den Inhalt deines Rechts bildet, für mich
geltend zu machen"?[4]) Ein Interesse an einem fremden Interesse ist durchaus denkbar und folgerichtig auch ein geschütztes
Interesse an fremdem geschütztem Interesse.[5]) Es soll hervor-
gehoben werden, dass die Gegner des „Rechts am Recht" nur
die Vorstellung bekämpfen, als ob ein Recht wie eine körperliche Sache von fremdem Recht beherrscht werden könnte,[6]) als
ob ein Recht als Rechtsobjekt aufgefasst werden dürfte, da man
unter Rechtsobjekt doch nur das verstehen könne, „was als ab-
hängig und unselbständig unmittelbar menschlicher Willensherr-
schaft unterworfen sein soll".[7]) Jedenfalls ist es dem gegenüber
aber ebenso berechtigt, „die Frage nach dem Gegenstand der
Rechte nicht so uniform und absolut zu stellen", man betrachte
nur, „in welch' verschiedener Art und Beziehung ganz verschiedene Dinge einem Recht gegenüber als Objekt in Betracht
kommen können".[8]) Wir leben „in einer Welt, wo Willen
gegen Willen kämpfen, Willen von Willen beherrscht werden";
„warum sollte da nicht auch eine einzelne, der Person von

---

[1]) Vgl. Oertmann a. a. O. S. 82. Bei Vangerow I, S. 688:
„ein Recht, welches kein Recht, sondern der Gegenstand eines Rechts
sein soll, ist ein logisches und juristisches Unding" ist der von ihm
formulierte Gegensatz nicht stichhaltig. Vgl. Bremer S. 86.
[2]) Vgl. Windscheid, Pand. § 48a Nr. 3.
[3]) Vgl. daselbst § 48a Note 6.
[4]) Vgl. daselbst 2. Aufl. Pand. § 42 a. E. und 121 a. E. und Bremer
a. a. O. S. 37.
[5]) Vgl. Hartmann, kr. V.-J.-Schr. Bd. 22, S. 547.
[6]) Vgl. Hanausek a. a. O. S. 46.
[7]) Vgl. Hartmann, Obligation S. 161.
[8]) Vgl. Hartmann, Jahrb. Bd. 17, S. 89, ferner Bekker a. a. O.
Bd. 6, S. 479, 480.

aussen her erworbene konkrete Willensmacht fremdem Recht
unterliegen [1]) können"? Und es wird auch zugegeben von
Gegnern des Rechts am Recht, dass in diesem Sinne die verpfändete Forderung thatsächlich eines der Dinge ist, die der
Wille des Forderungspfandgläubigers „beherrscht und rechtlich
drückt".[2]) Man wehrt sich nur gegen den Ausdruck „Recht
am Recht", man will den Willen nicht einem Recht unterworfen
sein lassen, man will ihn nicht als Rechtsobjekt gedacht wissen.
Jedenfalls ist für die ganze Controverse über das „Recht am
Recht" nur die engere oder weitere Fassung des Begriffs
„Rechtsobjekt" von Bedeutung. Die Frage, wie es um das
„dingliche Recht am Recht" als solches steht, berührt uns hier
weiter nicht; der Begriff des „persönlichen Rechts am Recht"
aber, auf den es uns nur ankommt, dürfte nach obiger Ausführung als klar und durchaus gerechtfertigt erscheinen. Es
mag am Platze sein, noch auf einen Ausspruch Oertmanns ein-
zugehen, der sich allgemein gegen das „Recht am Recht" richtet,
aber doch wohl den Begriff des „persönlichen Rechts am Recht" nicht
zu erschüttern vermag. „Das Argument," so heisst es,[3]) „dass
Rechte nicht körperliche Dinge sind, sondern nur Beziehungen
darstellen, die ihren Wert nicht in sich, sondern nur durch ihre
Realisierbarkeit haben, ist unwiderlegt geblieben und unwiderleg-
bar." Es muss erwidert werden, dass es nicht nur für die
Nationalökonomie, sondern auch für die Rechtswissenschaft un-
körperliche Güter gibt,[4]) deren Wert sich allerdings nur durch
ihre Realisierbarkeit bestimmt, die aber gerade wegen ihres Ver-
mögenswerts, den sie doch meist haben werden, die Eigenschaft
von Rechtsobjekten besitzen. Das Recht ist nie abstrakt als
eine Beziehung zu denken, sondern immer im Hinblick auf seine
Realisierbarkeit, auf den Wert seines Substrats zu betrachten;
es ist als Anspruch auf eine Leistung aufzufassen, als ein Anspruch, der nicht nur für den Gläubiger Wert hat, sondern
realisierbar ist durch jedermann und insofern einen objektiven
Wert darstellt. Wird mir das Recht eingeräumt, einen Andern

---

[1]) Vgl. Hartmann a. a. O. S. 88.
[2]) Vgl. Hanausek a. a. O. S. 45.
[3]) Vgl. Oertmann a. a. O. S. 82.
[4]) Vgl. Bremer a. a. O. S. 37.

an der Geltendmachung eines Anspruchs auf eine Leistung zu verhindern oder in einem bestimmten Fall diesen Anspruch selbst in eigenem Interesse geltend machen zu dürfen, so besitze ich stets ein Recht an fremdem Recht. In dieser Weise ist nun auch das pignus nominis aufzufassen, welches sich darstellt als das zum Zweck der Sicherheit einer eigenen Forderung gegebene, accessorische Recht, eine fremde Forderung insoweit und in der Art auszuüben, dass durch die Ausübung Befriedigung der eigenen Forderung erreicht wird; [1]) kürzer: das in der Ausübungsbefugnis der obligatio bestehende Recht an einer fremden Forderung zwecks Sicherstellung und Befriedigung eines Gläubigers.

B. Die Sicherungscession.

§ 3.

Das eigentliche Pfandrecht umfasst ausser dem Sachenpfandrecht auch das Pfandrecht an Rechten: als Recht an fremden Vermögensobjekten zwecks Sicherstellung eines Gläubigers. Charakteristisch ist einerseits das ipso iure eintretende Freiwerden des verpfändeten Objekts bei Zahlung der Schuld, andererseits bei Verfall das Recht auf Herausgabe des Überschusses nach Realisierung des Tauschwerts aus dem Pfandobjekt. Es gibt aber ausser diesen, einen bestimmten Inhalt aufweisenden, eigentlichen Pfandrechtsgeschäften noch eine ungezählte Reihe von Rechtsformen, die auch dem Pfandzweck dienen, die wir uneigentliches Pfandrecht oder Pfandrecht im weitern Sinne nennen können. Hierher gehören alle sogenannten sicherstellenden Rechtsverhältnisse, soweit sie irgend welche Rechtsbefugnisse an dem Vermögen des Pfandgebers gewähren, [2]) es gehören hierher die verschiedensten Deckungsgeschäfte, so auch das pignus irregulare, das Sicherungs-Wechselindossament und die Sicherungsübereignungen aller Art, die bedingten wie die fiduziarischen Eigentumsübertragungen, die bedingten wie die fiduziarischen Forderungsübertragungen, sofern diese Übertragungen einem Gläubiger Sicherheit verschaffen sollen. Die

---

[1]) Vgl. Stöcker a. a. O. S. 343, ferner Bekker a. a. O. Bd. 6 S. 480 f.

[2]) Vgl. Skonietzki a. a. O. S. 515, 583.

hierher gehörenden Geschäfte sind so mannigfaltig und verschiedenartig, wie die Möglichkeiten, vermittelst einer Sache für Schulden Sicherheit zu bieten.[1]) Alle diese Rechtsgeschäfte verfolgen denselben wirtschaftlichen Pfandrechtszweck und sind deshalb als Pfandgeschäfte zu bezeichnen. Daraus folgt eine wichtige Konsequenz. „Da privatrechtliche Verbotgesetze in der Regel gegen den materiellen Inhalt eines Rechtsgeschäfts gerichtet sind und nicht gegen eine bestimmte Rechtsform",[2]) so unterliegen alle diese Rechtsgeschäfte notwendig auch den pfandrechtlichen Verbotgesetzen, soweit diese eingreifen. So müssen die Verbote der lex commissoria und der Mobiliarhypothek als auf alle Pfandgeschäfte ausgedehnt gelten,[3]) da die ratio legis auch dort zutrifft, wo dieselben praktischen Ziele verfolgt werden, wie bei den von der Rechtsordnung, als in fraudem legis abgeschlossen, speziell bezeichneten Geschäften. Diese Ausdehnung ist zudem allzu gerechtfertigt im Interesse der Sicherheit des öffentlichen Kredits. Auch die zum Zweck der Sicherung vorgenommene Cession einer Forderung, von der in der Folge zu handeln ist, muss daher als unwirksam gelten, wenn die Voraussetzungen der gültigen Verpfändung einer Forderung, d. i. Benachrichtigung des Drittschuldners oder Aushändigung der Beweisurkunden[4]) nicht vorhanden sind.[5]) Dass dabei aber trotz dieses etwaigen Nichteintritts einer auf einen verbotenen wirtschaftlichen Erfolg gerichteten Rechtswirkung das der Cession (wie der traditio) zu grunde liegende Rechtsgeschäft, die causa cessionis (wie die causa traditionis) giltig bleibt,[6]) darf als selbstverständlich angesehen werden.

Was die Art der Geschäfte betrifft, unter welche die cessio nominis in securitatem, die Sicherungscession, fällt, so bezeichnet man sie als fiduziarische Rechtsgeschäfte, hauptsächlich Institute des modernen Rechtsverkehrs. Eigentümlich ist diesen Ge-

---

[1]) Vgl. Exner a. a. O. S. 26.
[2]) Vgl. Hellwig, Arch. a. a. O. S. 371.
[3]) Vgl. Hollwig daselbst S. 369 f.; Kohler, Jahrb. a. a. O. S. 91 ff.; Leist a. a. O. S. 69 f. u. 85 f.; contra Linckelmann a. a. O. S. 212 f.
[4]) Vgl. Einführungsges. z. K.-O. § 15.
[5]) Vgl. Hellwig, Arch. a. a. O. S. 391.
[6]) Vgl. Hellwig daselbst S. 392.

schäften das Missverhältnis zwischen Zweck und Mittel, sei es
nun, dass eine passende Rechtsform fehlt, oder mit der dem
Zweck angepassten Rechtsform Unzuträglichkeiten verbunden
sind.[1] Diese Eigentümlichkeit besitzt auch die Sicherungscession. Zur Sicherheit einer Forderung wird eine andere Forderung cediert, und es ist diese Cession ein ernstgemeintes
Rechtsgeschäft, welches nicht zur Befriedigung, nicht zur Tilgung
einer Schuld, sondern zur Sicherstellung wegen einer bestehenden Schuld eingegangen wird. Für den praktischen Zweck, den
die Parteien verfolgen, wird ein Rechtsgeschäft gewählt, dessen
rechtliche Wirkungen über jenen Zweck hinausgehen. Die
Parteien sind sich dessen voll und ganz bewusst. Der Cessionar
wird Gläubiger, aber durch einen Nebenvertrag wird seine
Machtstellung, sein Dürfen beschränkt. Er muss sich ver-
pflichten, im Fall der Zahlung die cedierte Forderung zurück-
zuübertragen, im Fall der Nichtzahlung den eingehenden Betrag
der cedierten Forderung nur zu seiner Befriedigung zu verwenden
und deshalb den etwaigen Überschuss herauszugeben.[2] Früher
wurde vielfach diese Cession zu Pfandzwecken für ein simuliertes
oder verschleiertes Geschäft gehalten, heute ist man allgemein
der Ansicht, dass es sich hier um ein ernstgemeintes Rechtsgeschäft handelt, nicht um ein simuliertes, da niemand getäuscht
werden soll.[3] Wer ein Rechtsgeschäft simuliert, hat nicht den
Willen, durch die Vornahme eines auf eine bestimmte rechtliche
Wirkung gerichteten Geschäfts diese rechtliche Wirkung herbei-
zuführen, sondern er will in Andern nur die Meinung von
der wirklichen Errichtung dieses Rechtsgeschäfts erwecken.[4]
Auch findet sich die Ansicht, die Sicherungscession erscheine
nur nach aussen hin als Cession, nach innen und in der That
liege nur eine Bevollmächtigung[5] vor; nach einer andern An-

[1] Vgl. Regelsberger, Arch. S. 173 und Pand. S. 519.
[2] Vgl. Hellwig, Arch. a. a. O. S. 391.
[3] Vgl. Lang a. a. O. S. 337.
[4] Vgl. Regelsberger, Arch. S. 171.
[5] Vgl. Dernburg, Pand. I S. 228, 229. In der Entscheidung des
R.-G. in Strafsachen (Bd. 3, S. 344), auf die sich Dernburg stützt, ist
zweifellos von einem simulierten Geschäft die Rede. Vgl. auch Lang
a. a. O. S. 344.

sicht, die ganz neuerdings[1]) vertreten wird, soll in derselben
Weise, dem Inhalt der Nebenberedung entsprechend, ein Deposital-, Gesellschafts-, Mandats-Verhältnis u. a. m. vorliegen, so
dass die formelle Cession nur dazu dient, fremdes Recht in
eigenem Namen geltend zu machen, und Dritte berechtigt sind,
aus dem wahren Sachverhalte Rechte, Klagen, Einreden herzuleiten.[2]) Nach Dreyer hat die fiducia überhaupt gar keine Bedeutung bei den sog. fiduziarischen Geschäften, es gibt keine
fiducia mehr im römischen Sinne; es handelt sich nach ihm bei
der ,fiduziarischen Cession stets um die rechtliche Konstruktion
des Vertrags, kraft dessen der Cessionar zur Klage in eigenem
Namen, jedoch für fremde Rechnung legitimiert wird.[3]) Die
rechtliche Konstruktion eines solchen Vertrags dürfte aber unmöglich sein.[4]) Durch die Sicherungscession, auf die es für uns
nur ankommt, wird das volle Gläubigerrecht übertragen, und in
einem Nebenvertrag, der dem alten römischen pactum fiduciae
durchaus nicht unähnlich[5]) ist, wird der neue Gläubiger obligatorisch verpflichtet zur eventuellen Rückübertragung. Der
Cessionar ist Gläubiger nach aussen und nach innen. Die verabredungswidrige Verfügung des Fiduziars ist vollgültig, macht
ihn nur dem geschädigten Rechtsüberträger ersatzpflichtig.[6])
Dass der Cessionar wirklicher Gläubiger geworden und die
Forderung für eigene Rechnung erwirbt, dass die Vereinbarungen
zwischen Cedenten und Cessionar über die Ausübung des übertragenen Gläubigerrechts das Schuldverhältnis selbst absolut
nicht berühren,[7]) sprechen auch deutlich die Entscheidungen
der obersten Gerichte[8]) aus. Wenn es da heisst, dass „es einem

---

[1]) Von Dreyer; vgl. dens. a. a. O. S. 233 ff.
[2]) Dernburg erblickte konsequenterweise in der treulosen Veräusserung einer zu fiduz. Eigentum übertragenen beweglichen Sache
eine Unterschlagung.
[3]) Vgl. Dreyer a. a. O. S. 459, 460.
[4]) Vgl. Lang a. a. O. S. 343, 344.
[5]) Vgl. Hellwig, Arch. a. a. O. S. 379, 380.
[6]) Vgl. Regelsberger, Pand. I. S. 518.
[7]) Vgl. R.-G.-Entsch. i. Civ. Bd. 24, S. 163.
[8]) Vgl. daselbst Bd. 2, S. 170 N. 1; Bd. 24, S. 163 f.; Bd. 30,
S. 274 f.; ferner Entsch. des R.-Ob.-Hdlsgerichts Bd. 3, S. 435; ferner
Budde, Entsch. Bd. 6, S. 144 f.; Bd. 8, S. 80 f.

Schuldner durchaus unbenommen sei, seinem Gläubiger zu dessen Sicherstellung mittels Cession das Gläubigerrecht an einer Forderung zu übertragen unter Vorbehalt des Rechtes, das somit aus seinem Vermögen gänzlich ausgeschiedene Objekt wieder einzulösen"; [1]) oder wenn noch deutlicher gesagt wird, „dass der Pfandzweck, der in der cessio in securitatem enthalten, nicht geeignet sei, der von den Parteien beabsichtigten Übertragung des cedierten Rechts die Ernstlickeit und damit die Rechtswirksamkeit zu benehmen", [2]) so kann es doch nicht deutlicher ausgesprochen werden, dass die Sicherungscession als eine nach aussen und innen vollwirksame Cession angesehen werden muss trotz ihres Zwecks, nicht zur Tilgung, sondern zur Sicherung einer Forderung zu dienen. Ganz für sich und unberührt von dieser gefährlichen Wirksamkeit des vollzogenen Rechtsaktes bleibt, das innere Verhältnis zwischen Cedenten und Cessionar regelnd, der Nebenvertrag, das pactum fiduciae, welches im übrigen einen verschiedenartigen Inhalt haben kann. Stets sind diese Nebenabreden rein obligatorischer Natur und kehren, soweit sie von dem Zweck und Charakter des Rechtsgeschäftes beeinflusst sind, regelmässig wieder. So ist der Sicherungscession eigentümlich die Abrede der Rückcession, andererseits die der Herausgabe des Überschusses. Wenn auch die Möglichkeit vorliegt, dass der Cessionar seine rechtliche Macht zu nicht beabsichtigten Zwecken missbrauchen wird, so ist er doch durch das pactum fiduciae obligatorisch gebunden und zu vollem Schadenersatz verpflichtet. — Durch den Charakter des ganzen Rechtsverhältnisses wird es gefordert, dass der Fiduziar stets darauf bedacht ist, das ganze Interesse des Schuldners zu wahren, da, wenn auch nicht rechtlich, so doch thatsächlich ein Pfandverhältnis vorliegt.

Soweit nach obiger Ausführung das pactum fiduciae nicht modifizierend eingreift, werden im praktischen Rechtsleben also notwendig die Grundsätze der Cession auf die Sicherungscession Anwendung finden müssen.

---

[1]) Vgl. Budde, Entsch. Bd. 8, S. 81 f.
[2]) Vgl. R.-G.-Entsch. in Zivilsachen: Bd. 30, S. 274 f.

Zweites Kapitel.

Voraussetzungen.

I. Entstehungsgründe.

A. Privatdisposition.

§ 4.

Durch Privatdisposition kann sowohl eine Forderungsverpfändung wie eine Sicherungscession vorgenommen werden in den Formen des Vertrags und des Testaments.[1]) Zur Perfektion des Rechtsgeschäfts genügt Willenseinigung der Parteien. Es bedarf dazu weder der Zuziehung des Drittschuldners noch der Denunziation an diesen.[2]) Die dem Pfandgläubiger[3]), gerade so wie dem gewöhnlichen Cessionar, zustehende Denunziation hat bei beiden Rechtsgeschäften keine konstitutive Bedeutung, sie nimmt dem Drittschuldner lediglich die bona fides,[4]) hat also überhaupt dieselbe Bedeutung bei der Verpfändung wie bei jeder Cession. — Beim pignus nominis darf man in der Übergabe des Beweisdokumentes kein Faustpfand erblicken wollen.[5]) Nach gemeinem Recht dient die Übergabe der Urkunde nur zur Erleichterung des Legitimationsbeweises, notwendig war sie nie. Wenn man aber erwägt, dass durch die Entziehung der Urkunde dem Verpfänder die Möglichkeit genommen wird, für den gutgläubigen Verkehr gefährliche Dispositionen über die Forderung zu treffen, und dass dadurch die äussere Erkennbarkeit des Gläubigerrechts auf einfache Weise bewirkt wird, so erscheint es als durchaus gerechtfertigt, wenn neuere Gesetzgebungen[6]) die Übergabe der

---

[1]) Der Einfachheit halber soll nur vom Vertrag die Rede sein, da im grossen und ganzen für das Testament die Vertragsgrundsätze massgebend sind.

[2]) Vgl. Marcus a. a. O. S. 20; Eberhard a. a. O. S. 26.

[3]) Nach 1. 4 C. quae res pignori 8, 16.

[4]) Vgl. Oertmann a. a. O. S. 89; Hellwig, Verpfändg. S. 125.

[5]) Vgl. Dernburg, Pfandr. I S. 462; dagegen Bremer a. a. O. S. 136.

[6]) Vgl. A. L.-R. I 20 § 281; Code civil Art. 2076; Österr. Gesetzb. §§ 451, 452: Sächs. B. G.-B. § 502; auffallenderweise hat unser neues B. G.-B. dieses Erfordernis abgelehnt.

Beweisurkunde als notwendiges Erfordernis für die Forderungsverpfändung hinstellen.[1]) Während die Cession nicht so streng
behandelt wurde und ihr die Formfreiheit erhalten blieb, ist für
das Konkursrecht die formlose Forderungsverpfändung gänzlich
aufgehoben. Es „bestehen" nämlich durch Bestimmung des
§ 15 des Einführungsgesetzes zur K.-O. Faustpfandrechte für
den Konkurs (des Verpfänders) nur, wenn der Drittschuldner
benachrichtigt, oder die Beweisurkunde ausgehändigt ist. Eine
etwaige pfandrechtliche Wirksamkeit ausserhalb des Konkurses
ist zudem den formlosen Forderungsverpfändungen durch die Bestimmungen der Landesausführungsgesetze genommen, und so darf
denn für unser noch augenblicklich geltendes Recht die formlose
Forderungsverpfändung allgemein als beseitigt gelten.[2])

Durch die Bestimmung des § 16 des Einführungsgesetzes
zur K.-O., dass im übrigen die Vorschriften der Landesgesetze
unberührt bleiben sollten, wird die Frage, ob unverbriefte Forderungen nicht verpfändbar seien, für die Gebiete bejaht, in
denen die Landesgesetze eine Forderungsverpfändung n u r durch
Urkundenübergabe zulassen,[3]) für die übrigen Gebiete[4]) wird sie
verneint. — Das neue bürgerliche Gesetzbuch für das Deutsche
Reich fordert zur Wirksamkeit der Verpfändung nur Anzeige des
Gläubigers an den Schuldner.[5]) Demgemäss ist für die Zukunft
auch eine unverbriefte Forderung verpfändbar[6]) und, was wich-
tiger ist, es kommt, wie die Cession, so auch die Forderungsverpfändung wieder durch den reinen Vertrag zustande. Da
zeigt sich nun eine Eigentümlichkeit: nach bürgerlichem Recht ist
bei dem pignus nominis die Denunziation ein Formerfordernis nicht,
da das Geschäft bis zur Denunziation zwar unwirksam, aber
nicht nichtig sein soll; nach Konkursrecht aber sind Denunziation
und Urkundenübergabe zwei elektive Formerfordernisse, da ohne
diese Erfordernisse ein Pfandrecht nicht „besteht", d. h. also

---

[1]) Vgl. Hellwig, Verpfändg. S. 89.
[2]) Vgl. Kommissionsberichte a. a. O. S. 1935.
[3]) Vgl. Hellwig, Verpfändg. S. 89.
[4]) So für das Gebiet des A. L.-R., welches auch eine Forderungsverpfändung durch Bekanntmachung an den Drittschuldner kennt.
Dagegen vgl. Marcus a. a. O. S. 23.
[5]) Vgl. B. G.-B. § 1280.
[6]) Vgl. Kommissionsberichte a. a. O. S. 1943.

auch nicht entstanden ist![1]) — Würde die Frage aufgeworfen, ob es nicht denkbar sei, dass die Sicherungscession irgend einmal als eine cessio necessaria erscheint, so wäre zu antworten, dass eine solche cessio in securitatem necessaria jedenfalls nicht ganz undenkbar wäre, da der Cessionsgrund ja sehr wohl in einer Übertragungsverpflichtung liegen könnte, aber die Erwägung, dass die Verbindlichkeit, die zur Cession verpflichtet, nie freiwillig übernommen sein darf,[2]) und dass die Sicherungscession nur und ganz allein durch die Willkür der Parteien existiert, zwingt zur Verneinung der in Frage kommenden Möglichkeit.

B. Richterliche Verfügung.

§ 5.

Ein zweiter Entstehungsgrund für das Forderungspfandrecht sowohl wie für die Sicherungscession ist die richterliche Verfügung. Während aber eine Forderungsverpfändung in allen Rechtsformen, deren sich der Richter bei seinen Verfügungen bedient, vorkommen kann, ist ihrer Natur entsprechend die cessio in securitatem nur in dem ein Teilungsverfahren beendigenden Urteil vom Richter anwendbar, indem zur Sicherung der Leistung, zu der die eine Partei der anderen gegenüber verpflichtet wird, dieser zu Pfandrechtszwecken eine Forderung cediert wird, die ersterer gegen einen Dritten zusteht. Das pactum fiduciae wird hier ersetzt durch die Bestimmung des Richters, die die Gläubigerpartei für den Fall der Befriedigung zur Rückcession verpflichtet. — Das pignus nominis kann einmal ein pignus praetorium[3]) sein, natürlich nur in den Fällen, in denen die missio in possessionem überhaupt noch praktisch ist, hauptsächlich also da, wo es sich um Schutz des Vermächtnisnehmers handelt bei Bürgschaftsverweigerung und Nichtentrichtung der fälligen Vermächtnisse seitens der Onerierten.[4]) Diese Besitzeinweisung,

---

[1]) So Kommissionsberichte a. a. O. S. 1935 N. 1 gegen Motive zu § 40 K.-O. Im übrigen hat der theoretische Widerspruch keine praktische Bedeutung, da ein Forderungspfandrecht im Konkurs stets nur zur Geltung kommt, wenn es als wirksames Pfandrecht besteht.

[2]) Vgl. Windscheid, Pand. 6. Aufl. S. 273.

[3]) Vgl. Eberhard a. a. O. S. 25.

[4]) Vgl. Windscheid, Pand. 6. Aufl. S. 802.

durch die nur Sicherung der Erfüllung eines Leistungsanspruchs
bewirkt werden soll, kann bei Forderungen natürlich nur durch
Übertragung der Schulddokumente erfolgen. Ferner kann der
Richter, dem wir oben die Vornahme einer für die Parteien
wirksamen Sicherungscession zugesprochen haben, im Teilungsverfahren der einen Partei ein Pfandrecht an einer im Vermögen
der andern Partei stehenden Forderung bestellen.[1] Der wich-
tigste Fall ist aber jedenfalls das pignus in causa iudicati captum,
die Pfändung zum Zweck einer Urteilsvollstreckung. Während
die Pfändung von körperlichen Sachen einen vom gewöhnlichen
Pfandrecht abweichenden Inhalt hat, da der Verkauf des Pfand-
objekts nicht durch den Gläubiger, sondern von Amtswegen erfolgt, erzeugt die Pfändung von Rechten, die durch den Richter
selbst vorgenommen wird, ein gewöhnliches Pfandrecht.[2] Die
Pfändung erfolgt durch das an den Drittschuldner erlassene
Verbot, an den Schuldner zu zahlen, und es ist die Pfändung
als bewirkt anzusehen mit der Zustellung des Beschlusses an
den Drittschuldner.[3] Das Verbot wirkt nun aber nicht allein
negativ, sondern auch unbedingt konstitutiv.[4] Denn durch die
Pfändung, als deren äussere Form sich das Zahlungsverbot darstellt,[5] erwirbt der Gläubiger an dem gepfändeten Gegenstande
ein Pfandrecht, welches dem Gläubiger im Verhältnis zu andern
Gläubigern dieselben Rechte gewährt, wie ein Konventional-
pfandrecht.[6] Da nun der Inhalt eines jeden Pfandrechts wesent-
lich in der Einziehung der schuldigen Leistung besteht (ein
negatives Pfandrecht ist undenkbar), kann der Überweisung zur
Einziehung[7] keine konstitutive Bedeutung beigelegt werden.[8]

[1] Mit Unrecht von Einigen bestritten.
[2] Vgl. C.-P.-O. § 729; dazu Windscheid, Pand. S. 801.
[3] Vgl. C.-P.-O. § 708, 8; dazu Struckmann u. Koch a. a. O.
S. 886 N. 7: „Erst mit der Zustellung an den Drittschuldner (d. i. mit
dem Verbot) entsteht, obwohl das Pfändungsverfahren bereits vorher
begonnen hat, das Pfandrecht."
[4] Vgl. auch Struckmann u. Koch S. 884 N. 2: „Der eigent-
lich entscheidende Akt ist das Verbot an den Drittschuldner."
[5] Vgl. daselbst S. 886 N. 6: „Das Verbot ist . . . die Form der
Pfändung."
[6] Vgl. C.-P.-O. § 709.
[7] Vgl. C.-P.-O. § 736.
[8] Wie die Motive und die meisten Commentatoren es irrtümlich thun.

Das Recht der Einziehung liegt in dem durch die Pfändung erworbenen Pfandrecht. Die Überweisung hat eine lediglich deklarative und legitimierende Wirkung. Es konstatiert die Befugnis zur Einziehung und legitimiert den Gläubiger zur Einziehung. Leistet der Drittschuldner dem nicht durch Überweisung legitimierten Gläubiger Zahlung, so befreit ihn die Zahlung nicht.[1]

C. Rechtssatz.

§ 6.

Was zunächst das pignus nominis betrifft, so wird ein pignus nominis legale dort häufig zu finden sein, wo ein allgemeines gesetzliches Pfandrecht gegeben wird. In allen Fällen, wo ein ganzes Vermögen vom Pfandnexus ergriffen wird, ist auch ein gesetzliches Pfandrecht an einzelnen im Vermögen enthaltenen Forderungen möglich.[2] — Bei den besondern gesetzlichen Pfandrechten wird in den Quellen ein Pfandrecht, welches eine Forderung ergreift, nicht genannt. Aber es wäre ein solches denkbar für den Mündel an der Forderung aus einem vom Vormund auf eignen Namen aus Mündelgeldern gegebenen Darlehn; oder an der auf eigenen Namen mit Mündelgeldern angeschafften Sache, wenn man sich unter der Sachanschaffung einen Forderungskauf vorstellte. Aber der Wortlaut der l. 6. C. de serv. p. d. m. 7, 8: „res pupillaribus pecuniis emtae", dürfte es doch wohl verbieten, hier an Forderungen zu denken.[3]

Eine Entstehung durch gesetzliche Bestimmung für die cessio in securitatem anzunehmen, davon kann natürlich keine Rede sein. Abgesehen davon, dass es überhaupt unrichtig ist, die cessio legis, die doch gar keine Cession ist, die nur als Cession fingiert wird, zu den Cessionsfällen zu rechnen,[4] ist die Sicherungscession stets eine von den Parteien frei gewollte, dem Pfandrechtszweck dienstbar gemachte Forderungsübertragung. Sie kann nie als gesetzlicher Forderungsübergang vorkommen, weil nur die Parteien, nicht das Gesetz, eine Sicherungscession kennen.

---

[1] Vgl. zu der ganzen Frage Hellwig a. a. O. S. 108, 115.
[2] Vgl. Huschke a. a. O. S. 66.
[3] Vgl. auch Hellwig, Verpfändg. a. a O. S. 91.
[4] Vgl. Regelsberger, Arch. a. a. O. S. 159.

II. Gegenstand des prinzipalen Rechts.

Die versicherte Forderung.

§ 7.

Ob zur Sicherstellung eines Gläubigers ein Pfandrecht an einer Forderung bestellt oder eine Forderung fiduziarisch über·tragen wird, stets und notwendig ist das unmittelbare Objekt der Sicherstellung eine Forderung. Gewöhnlich wird diese For·derung eine betagte sein, da ja der Gläubiger meist gegen die eventuell eintretende Möglichkeit der schuldnerischen Nichter·füllung der später fälligen Leistung geschützt werden soll. Der Schuldner kann sich aber auch schon im Verzug befinden, die Forderung kann eine fällige sein. Ferner kann sie sein eine klaglose, eine bedingte und selbst eine zukünftige. Ist die For·derung eine klaglose, so erwächst aus dem Pfandrecht trotzdem eine auf Befriedigung aus der verpfändeten Forderung gerichtete Pfandklage; die Sicherungscession gibt, unabhängig von der Existenz der versicherten Forderung, die gewöhnliche persönliche Klage. Bei suspensiv bedingten und zukünftigen Forderungen entsteht ein Pfandrecht nicht schon bei der Pfandkonvention, [1]) sondern erst dann, wenn die Forderung zur Entstehung gelangt. [2]) Es liegt dies in der streng accessorischen Natur des Pfandrechts. Haben die Parteien zur Sicherstellung solcher Forderungen eine Sicherungscession vorgenommen, so entsteht das durch die Cession bewirkte Rechtsverhältnis sofort und unabhängig von der Ent·stehung der Forderung, die gesichert werden soll. Es liegt dies in der selbständigen Natur der cessio in securitatem. Dieselbe Erscheinung findet sich, wenn die versicherte Forderung weg·fällt. Mit dem Wegfall des Hauptrechts erlischt auch sofort das Pfandrecht, während das durch die Sicherungscession geschaffene Recht ungestört fortdauert. Das Pfandrecht ist accessorisch durch Rechtssatz; wird die sichergestellte Forderung von einem Beendigungsgrund ergriffen, so teilt mit ihr dieses Schicksal das Pfandrecht kraft Rechtssatzes. Die cessio in securitatem ist

---

[1]) Wie Dernburg, Pfandr. I § 69 und Schott a. a. O. S. 1 ff.
[2]) Vgl. Windscheid, Pand. S. 774.

zwar auch accessorisch,[1]) aber accessorisch durch den Willen
der Parteien. Fällt das Objekt und der Zweck der Sicherstellung fort, so verpflichtet der im Nebenvertrag festgelegte
Parteiwille die Gläubigerpartei zur Rückübertragung des nur zu
ihrer Sicherung übertragenen Rechts. — Gleichgültig ist es,
welchen Inhalt die Leistung hat, auf die die Forderung gerichtet
ist. Gegenstand der Leistung kann sein: Geld, eine generell
oder speziell bestimmte Sache, eine Thätigkeit.

Die Rechtsverhältnisse, die für die Parteien entstehen, wenn
die versicherte Forderung fällig geworden ist, gestalten sich
verschieden, je nachdem die Fälligkeit der versicherten Forderung v o r, gleichzeitig m i t oder n a c h der Fälligkeit der verpfändeten resp. in securitatem cedierten Forderung eintritt. Es
ist zu untersuchen, wie sich dementsprechend die Voraussetzungen
bestimmen, unter welchen sowohl die Ausübung des Pfandrechts
wie die des cedierten Rechts erfolgen kann. Was zunächst die
Sicherungscession betrifft, so ist es für die Ausübung des
cedierten Rechts völlig belanglos, wann die Fälligkeit der versicherten Forderung eintritt. Der Cessionar ist durch die Cession
in das volle Gläubigerrecht eingewiesen, und es steht ihm frei,
zu jeder Zeit Gebrauch davon zu machen. Ob und inwieweit
er sich über die Nebenabreden hinwegsetzt, das berührt seine
Rechtsstellung gegenüber dem Drittschuldner nicht. Gegebenenfalls kann nur der Cedent gegen ihn Schadenersatzansprüche erheben, der Drittschuldner aber muss es sich gefallen lassen, dass
sofort, wenn die cedierte Forderung fällig wird, der Cessionar
sein Gläubigerrecht ihm gegenüber ohne jede Einschränkung
ausübt. —

Anders liegt die Sache beim Pfandrecht; dem Pfandgläubiger
ist eine viel beschränktere Rechtsstellung gegeben. Fassen wir hier
die Voraussetzungen der mit der Fälligkeit der versicherten
Forderung zusammenhängenden Ausübung des Gläubigerrechts ins
Auge, so liegt zunächst auf der Hand, dass die rechtliche Lage
des Drittschuldners unter keinen Umständen verschlechtert werden
darf durch eine Forderungsverpfändung seitens seines ursprüng-

---

[1]) Es mag erlaubt sein, diesen Ausdruck, mit dem gewöhnlich
ein engerer Begriff bezeichnet wird, in seiner weiteren Bedeutung anzuwenden!

lichen Gläubigers. Demnach darf nach Fälligkeit der versicherten
Forderung der Forderungspfandgläubiger ebensowenig, wie der
Verpfänder es ursprünglich durfte, die noch nicht fällige verpfändete Forderung ausüben. Wird mit Fälligkeit der versicherten Forderung auch die verpfändete Forderung fällig, so
darf der Forderungspfandgläubiger ganz naturgemäss sein Recht
jetzt dem Drittschuldner gegenüber geltend machen. Wie aber
verhält es sich, wenn die verpfändete Forderung vor der versicherten fällig wird? Der Verpfänder hat vom Augenblick der
Denunziation an kein Recht mehr, die Forderung geltend zu
machen, der Pfandgläubiger hat bis zum (noch nicht erfolgten)
Eintritt des Zustandes der Nichtbefriedigung noch kein Recht
auf Ausübung des verpfändeten Rechts. Soll deshalb aber die
Leistung der Gefahr der mora accipiendi ausgesetzt werden?
Das darf und muss verhütet werden. [1]) Vielfach nahm man
daher an, da weder der Pfandgläubiger noch der Verpfänder ein
Recht der Geltendmachung der Forderung oder der Zahlungsan-
nahme habe, sei der Drittschuldner darauf angewiesen, wenn er
sich von seiner Leistungsverpflichtung befreien wolle, den Leistungsgegenstand gerichtlich zu deponieren. [2]) Das ist jedenfalls der
richtige Weg, der zu betreten sein wird, wenn der Pfandgläubiger nach Inhalt des Pfandvertrages ausdrücklich erst im Falle
der Nichtbefriedigung das Recht haben soll, die Zahlung zu erheben. Wenn es allerdings dann dem Drittschuldner belieben sollte,
die Leistung zu verweigern, dann hat weder der Pfandgläubiger
noch der Verpfänder ein Recht, die Klage auf Deposition zu
erheben, da in dieser Klage schon eine Ausübung der Forderung
läge! Ist es aber andererseits nicht auch möglich, dass die
Parteien beabsichtigt haben, dem Pfandgläubiger solle auch vor
Fälligkeit der versicherten Forderung, zwar nicht sofort zu seiner
Befriedigung, sondern zunächst zu seiner Sicherung das Recht
der Einziehung zustehen? [3]) Ist eine solche Absicht der Parteien nicht sogar sehr wahrscheinlich, wenn der Gegenstand der

---

[1]) Vgl. l. 14. D. de pign. et hyp. 20,1.
[2]) Vgl. Dernburg, Pfandr. I S. 464, Trotsche a. a. O. S. 105
und Marcus a. a. O. S. 30.
[3]) Vgl. Hellwig, Verpfändg. S. 149.

Leistung in etwas Anderem besteht, als in Geld?[1]) Jedenfalls handelt es sich bei Auslegung des einzelnen konkreten Falles um die Frage, ob der Wille der Parteien in jenem oder in diesem Sinne aufzufassen ist.

III. Gegenstand des accessorischen[2]) Rechts.

Die sicherstellende Forderung.

§ 8.

Die Sicherungscession und das Forderungspfandrecht stimmen miteinander darin überein, dass die Sicherstellung des Gläubigers bei beiden Rechtsgeschäften durch eine Forderung bewirkt wird. Im ersten Fall wird eine Forderung vollständig cediert zur Sicherung, im zweiten Fall wird eine Forderung nur als Pfand bestellt. Durch die Cession wird, wie oben erörtert, ein Recht von dem einen Gläubiger vollständig auf einen neuen übertragen, bei dem pignus nominis bleibt der Gläubiger ganz in seiner Stellung, nur wird ihm die Dispositionsbefugnis über die verpfändete Forderung entzogen und dem Pfandgläubiger zu Befriedigungszwecken die Ausübungsbefugnis eingeräumt. Die verpfändete Forderung bleibt im Vermögen des Verpfänders, die cedierte Forderung scheidet aus dem des Cedenten aus. Die dadurch herbeigeführte Verschiedenheit der entstandenen Rechtsverhältnisse teilt sich an erster Stelle der zu grunde liegenden Forderung mit. So geht der Zinsgenuss der Forderung mit dieser auf den Cessionar über, während auf der andern Seite der Pfandgläubiger keinen Anspruch auf die Zinsen der im Vermögen des Verpfänders befindlichen Forderung hat.[3]) Es ist die cedierte Forderung nur einmal cedierbar, da nur einmal das ganze Gläubigerrecht übertragen werden kann; die verpfändete Forderung dagegen mehreremal verpfändbar, da die Ausübung nur eine Befriedigung bezweckt und, soweit die verpfändete Forderung Deckung zu bieten vermag, eine solche Ausübung der

---

[1]) Das Recht der Einziehung vor Fälligkeit der versicherten Forderung wird vertreten von: Hellwig, Verpfändg. S. 148 f., Pfersche a. a. O. S. 214, Dernburg, Pand. 3. Aufl. § 293 Anm. 7.

[2]) Im weiteren Sinne.

[3]) Vgl. Stöcker a. a. O. S. 359.

einen Forderung auch noch für einen zweiten oder dritten Pfandgläubiger möglich ist. Als Konsequenz zeigt sich, dass die verpfändete Forderung vom Pfandgläubiger (aber nur) mit der
eigenen gegen den Verpfänder weiter cediert, also auch in securitatem cediert und verpfändet werden kann; dass die mehreremal verpfändete Forderung ebenso vom Verpfänder wieder cediert, also auch in securitatem cediert werden kann mit der
Folge, dass der neue Cessionar wieder verpfänden und mög-
licherweise, mit Übertretung des pactum fiduciae, dann auch
wieder cedieren kann. [1])

Die Rechte, die nun durch die Forderungsverpfändung
wie durch die Sicherungscession dem Gläubiger eingeräumt werden, umfassen gerade so die Vorzüge der Forderung, wie sie
von den Mängeln affiziert werden. Von Bedeutung ist hierbei
die Denunziation, die Mitteilung des Pfandgläubigers resp.
Cessionars an den Drittschuldner, dass er sich befreien könne
nur noch durch Zahlung an ihn; es wird durch die Denunziation
dem Drittschuldner das Recht genommen, später etwaige Ein-
wendungen zu erheben, die ihren Ursprung in dem Rechtsverhältnis des Drittschuldners zum Verpfänder resp. Cedenten haben
und aus der Zeit nach der Denunziation datieren. Während
aber nur für die Mängel des eingeräumten Rechts, die der
Drittschuldner zu seinen Gunsten geltend machen darf, billiger-
weise der Zeitpunkt der Denunziation massgebend ist, hängen
ganz natürlich die Ansprüche auf Geltendmachung der mit einem
Recht verbundenen Vorzüge von dem Zeitpunkt der Anspruchs-
übertragung, also hier der Verpfändung resp. Cession ab. Das
Recht des Cessionars, wie das im übrigen verschiedene Recht
des ausübenden Pfandgläubigers erstreckt sich auf alle Accessorien,
die dem Rechte anhafteten bei der Einräumung des Rechts.
Hieraus ergibt sich, dass, wenn der Verpfänder nach der Verpfändung für seine Forderung noch Bürgen und Pfänder sich
geben lässt, wozu er in seinem Interesse sicherlich das Recht
hat, diese Dispositionen seine Beziehungen zu dem Pfandgläubiger
durchaus nicht mehr berühren. Von seiten des Drittschuldners
können ebenso die nach der Denunziation dem Verpfänder gegen-

---

[1]) Vgl. Stöcker a. a. O. S. 363.

über entstandenen Einreden, z. B. die der Kompensation, der
Klage des ausübenden Pfandgläubigers nicht mehr entgegen-
gesetzt werden.[1]
Was die Cession betrifft, so kann einerseits der Cessionar
die mit der Cession auf ihn übergegangenen Pfandrechte, Bürg-
schaften, Zinsansprüche für sich in Anspruch nehmen, andererseits gelten gegen ihn alle bis zum Augenblick der Denunziation
entstandenen Einreden mit der Einschränkung, dass die sich auf
eine ganz bestimmte Gläubigerperson beziehenden mit dem
Wechsel des Gläubigers untergehen.[2] So ist es bei der gewöhnlichen Cession; der der Sicherungscession zu grunde
liegende Zweck greift hier modifizierend ein. Wenn auch der
Cessionar die Forderung für eigene Rechnung erworben hat, er
hat immer das Interesse des Cedenten zu beobachten, er handelt
stets in fremdem Interesse, und da ist es denn durchaus gerechtfertigt, wenn der das Interesse des Cedenten ausübende
Cessionar sich auch die dem Cedenten persönlich entgegen-
stehende Einrede des Notbedarfs, des Erlassvertrages u. a. aus
der Zeit vor der Denunziation gefallen lassen muss.[3] — Natürlich ist es dem Drittschuldner unbenommen, sich der Einrede
der Simulation zu bedienen.[4]
Was die sicherstellende Forderung als solche angeht, so
kann auch sie, wie die versicherte, bedingt und zukünftig sein.
In den Fällen ist auch das Pfandrecht bedingt oder zukünftig,
die Cession jedoch eine unbedingte und sofortige. Unverpfänd-
bar sind im übrigen alle Rechte, die ihrer Natur nach unüber-
tragbar sind. Daher können weder in securitatem cediert noch
verpfändet werden: Forderungen auf Genugthuung, Alimentations-
forderungen, Ansprüche auf Bestellung einer Personalservitut
u. a.[5] Fraglich erscheint es, ob die positiven Cessionsverbote
des gemeinen Rechts, so das Verbot der Übertragung an einen

---

[1]) Vgl. Buchka a. a. O. p. 37, 38; Marcus a. a. O. S. 38.
[2]) Vgl. Windscheid, Pand. § 332,1.
[3]) Vgl. Regelsberger, Arch. a. a. O. S. 179, 180; dazu Dreyer
a. a. O. S. 460; dagegen Lang a. a. O. S. 338 ff.
[4]) Vgl. Lang a. a. O. S. 341: Hellwig, Arch. S. 394; ferner
R.-G.-Entsch. f. Civ. Bd. 4 S. 100, Bd. 11 S. 9.
[5]) Vgl. Dernburg, Pfandr. I S. 464.

potentior,[1]) Übertragung streitiger Forderangen,[2]) Cession der
Mündelschuld an den Vormund, auch auf die Sicherungscession
und Forderungsverpfändung anzuwenden seien. Für die Forderungsverpfändung verneint Dernburg[3]) diese Frage, indem er
bemerkt, dass diese Bestimmungen für die Fälle berechnet seien,
„in welchen der Cessionar gerade die Forderung zu erwerben
sucht und prinzipaliter zum Gegenstande des Geschäfts macht".
Demnach müsste die aufgeworfene Frage auch für die Sicherungscession zu verneinen sein, da auch hier nur Sicherung für
den Fall der Nichtzahlung geschaffen werden und die Forderung
als Exekutionsobjekt dienen soll. Jedoch kann dieses Resultat
nicht als richtig angesehen werden. Der einzig noch praktische
Fall dieser gemeinrechtlichen Cessionsverbote ist der des Verbotes der Übertragung einer Mündelschuld an den Vormund,
und da scheint es doch geboten, dem Sinn des Verbotes entsprechend, welches „die Integrität und Reinheit des Verhältnisses
zwischen Mündel und Vormund bezweckte"[4]) und zu dem Zweck
keine Forderungen gegen den Mündel in die Hände des Vor-
munds gelangen lassen wollte, die obige Frage für Forderungsverpfändung sowohl wie für Sicherungscession zu bejahen. Eine
weitere Einschränkung in ihrer Anwendung findet sich für beide
Rechtsgeschäfte in neueren Reichsgesetzen, indem sowohl Cession
wie Verpfändung, also auch Sicherungscession und Forderungsverpfändung, vielfach mit Nichtigkeit bedroht sind.[5]).

---

[1]) Heute unpraktisch.

[2]) Aufgehoben durch C.-P.-O. § 236.

[3]) Vgl. N. 9.

[4]) Vgl. Eberhard a. a. O. S. 24.

[5]) Solche Verbote enthalten: Das R.-G. vom 21. Juni 1869, betr.
die Beschlagnahme des Arbeits- und Dienstlohns, § 2; das Reichsbe-
amtengesetz vom 31. März 1873 § 6; das Reichsmilitärgesetz vom 2. Mai
1874 § 45; das R.-G. vom 7. April 1876, betr. die eingeschr. Hilfskassen
§ 10 (abgeändert durch Gesetz vom 1. Juni 1884): das R.-G. vom
15. Juni 1883, betr. die Krankenversicherung der Arbeiter, § 56; das
Unfallversicherungsgesetz vom 6. Juli 1884 § 68; das R.-G. vom
22. Juni 1889, betr. die Invaliditäts- und Altersversicherung, § 40.

Drittes Kapitel.

Wirkungen.

I. Inhalt des Rechtsverhältnisses.

Die Rechtsstellung des Forderungspfandgläubigers resp. des Sicherungscessionars.

§ 9.

Das Recht des Forderungspfandgläubigers resp. des Sicherungscessionars ist nach seiner Entstehung unabhängig von dem Willen des Verpfänders resp. des Cedenten und in seiner Selbstständigkeit durchaus nicht bedroht durch etwaige Dispositionen dieserseits. Aber auch das Recht des Pfandgläubigers ist beschränkt, da er nur zwecks Befriedigung die verpfändete Forderung ausüben und daher keine Novation, keine Cession, keinen Erlass mit derselben vornehmen darf.[1]) Das Recht des Sicherungscessionars ist nach aussen allerdings unbeschränkt, daher könnte er die ihm zur Sicherstellung cedierte Forderung zwar giltig novieren, erlassen, weiter cedieren, aber da er in dem pactum fiduciae sich obligatorisch zur Rückübertragung verpflichtete, so erscheint er doch in dieser Hinsicht als in der Verfügung rechtlich behindert.

Besondere Beachtung verdient der Fall des Konkurses, der den Verpfänder resp. den Cedenten trifft und zwar vor Befriedigung des Forderungspfandgläubigers resp. des Sicherungscessionars. Der Pfandgläubiger kann, wenn die für die Pfandbestellung vorgeschriebenen Förmlichkeiten erfüllt sind, nach K.-O. § 40 auf Grund seines Faustpfandrechts abgesonderte Befriedigung verlangen. Dem Sicherungscessionar müsste man strenggenommen im Hinblick auf die vollzogene Forderungsübertragung einen Aussonderungsanspruch zusprechen, aber ebenso müsste die gegen den Verwalter geltend gemachte Klage dieses Inhalts zurückgewiesen werden, da ja massgebend sein muss der ganze Zweck des Übertragungsgeschäfts, durch welches keine Befriedigung,

---

[1]) Vgl. Stöcker a. a. O. S. 360, 361.

sondern nur Sicherung des Gläubigers herbeigeführt werden soll. Formell wird immerhin der Sicherungscessionar seinen Anspruch auf K.-O. § 35 stützen können, aber, wenn auch die K.-O. ihn als Absonderungsberechtigten nicht nennt, so steht er doch materiell einem Absonderungsberechtigten gleich, und es sind alsdann K.-O. §§ 108, 117 analog anzuwenden. [1]) Nach K.-O. § 57 können zudem sowohl der Forderungspfandgläubiger wie nach unserer Anschauung der Sicherungscessionar in diesem Fall nach ihrer abgesonderten Befriedigung noch den erlittenen Ausfall als gewöhnliche Konkursgläubiger geltend machen. Im Konkurse des Drittschuldners sind Beide in gleicher Weise berechtigt, als gewöhnliche Konkursgläubiger ihre Ansprüche geltend zu machen, und zwar können sie, auch wenn die versicherte Forderung weniger beträgt, die ganze verpfändete resp. cedierte Forderung zur Konkursmasse anmelden, da ihnen auch ausserhalb des Konkurses, wie wir später sehen werden, das Recht zusteht, die ganze Forderung einzutreiben.

An dieser Stelle soll noch kurz die in der älteren Litteratur mit besonderer Vorliebe behandelte Frage der Zulässigkeit der exceptio excussionis personalis berührt werden. Es führte früher die Auffassung des pignus nominis als eines dinglichen Pfandrechts an der verpfändeten Forderung zu der Annahme, dass dem Drittschuldner diese exceptio dem Pfandgläubiger gegenüber zustehe. Heute ist diese Annahme fast allgemein verworfen und mit Recht, da ja der Pfandgläubiger „nicht eine actio hypothecaria, sondern die persönliche Schuldklage geltend macht, bei welcher von einem Interesse des debitor cessus, mit der Zahlung warten zu dürfen, nicht die Rede ist".[2]) Der Drittschuldner muss zahlen, und ob die Zahlung an den ursprünglichen Gläubiger geschieht oder an den Forderungspfandgläubiger, ist gleichgiltig.

Die Rechtsstellung des Verpfänders resp. des Cedenten.

§ 10.

Durch die Verpfändung wie durch die Cession der Forderung beschränken sich, allerdings in verschiedener Weise, die

---

· [1]) Vgl. Hellwig, Arch. a. a. O. S. 393.
[2]) Vgl. Eberhard a. a. O. S. 35.

Rechte des Forderungsverpfänders resp. des Sicherungscedenten. Dieser entäussert sich vollständig seines Forderungsrechts, jener nur der Dispositionsbefugnis, soweit der Bestand der Forderung dadurch gefährdet wird. Daher kann der Cedent nur ein einziges Mal cedieren und hat dann kein Recht mehr aus seiner Forderung; der Verpfänder kann zwar nicht novieren, nicht erlassen, sodass diese Akte sofortige Wirkung gegen den Pfandgläubiger besässen, ebensowenig wie er die Forderung einziehen oder einklagen kann, denn, wollte der Verpfänder seine Forderung ausüben, so würde dem Drittschuldner bis zur Tilgung der versicherten Forderung eine dilatorische Einrede, eine exceptio doli generalis, zustehen,[1]) aber sehr wohl kann der Verpfänder die Forderung, in welcher er ja noch immer Gläubiger ist, cum onere cedieren, auch in securitatem cedieren und weiter verpfänden; ebenso ist auch dem Drittschuldner gegenüber in der Weise Erlass und Novation möglich, dass diese Akte als unwirksam zu denken sind im Fall der Nichtbefriedigung des Pfandgläubigers.[2]) Zahlt der Drittschuldner trotz Kenntnis der Verpfändung resp. Cession an den Verpfänder resp. Cedenten, so ist er zu einer zweiten Zahlung an den Pfandgläubiger resp. Cessionar verpflichtet.[3]) Geschieht die Zahlung in Unkenntnis der Verpfändung resp. Cession, so wird der Drittschuldner befreit. Es ist noch zu erwähnen, dass, wenn die von der Rechtsordnung geforderten Voraussetzungen da sind, zwar nicht dem Cedenten, wohl aber dem Verpfänder die Anstellung der actio Pauliana gegen den fraudulosen Erwerber zusteht. — Zum Schluss ist zu prüfen, wie die Rechtsverhältnisse des Verpfänders resp. Cedenten sich gestalten, wenn der Forderungspfandgläubiger resp. Sicherungscessionar in Konkurs gerät. Zunächst hat der Forderungsverpfänder, da die verpfändete Forderung ein Objekt seines Vermögens darstellt, eine Aussonderungsberechtigung inbezug auf seine Forderung, und es ist sein Recht zu beurteilen nach K.-O. §§ 35, 38. Was die Rechtsstellung des Sicherungscedenten angeht, so müsste man, wollte man rein formales Recht gelten

---

[1]) Vgl. 1. 18 pr. D. de pign. act. 13, 7; ferner Hellwig, Verpfändg. S. 136; Marcus a. a. O. S. 80.

[2]) Vgl. Hellwig a. a. O. S. 138.

[3]) Vgl. 1. 4. C. quae res pignori 8, 16.

lassen, ihm sowohl die Aussonderungsberechtigung absprechen, da er sich ja seines Rechtes gänzlich entäusserte und seine Forderung durch Cession in das Vermögen des Gläubigers übergehen liess, als ihm auch die Absonderungsbefugnis versagen, da die K.-O. ihm eine solche nicht zuerkennt. Es bleibt ihm dann nur ein als Konkursforderung geltend zu machender Anspruch übrig.[1]) Das aber würde den Gläubigern des Cessionars einen unverdienten Gewinn und dem Cedenten einen unverdienten Verlust bringen.[2]) Es muss hier betont werden, dass der Richter, wenn er zu einem durch das Prinzip der freien Beweiswürdigung geforderten Urteil gelangen will, vor allem die wirkliche Absicht der Parteien erforschen und daher den materiellen Inhalt des Vertrages prüfen muss, wobei er sich durch den Namen, den die Parteien ihrem Geschäft beigelegt haben, nicht bestimmen lassen darf.[3]) Die cessio in securitatem ist keine Übertragung einer Forderung zur Befriedigung des Gläubigers, sondern nur zur Sicherstellung; das Geschäft ist nur zu Pfandzwecken eingegangen. Sonach erfordert es das Recht, dem Sicherungscedenten trotz der Befürchtung einiger Juristen, seine Rechtsstellung würde dadurch zu sehr bevorzugt, denselben Aussonderungsanspruch zuzuerkennen,[4]) der dem Verpfänder durch das Gesetz gegeben ist, und zwar unter Zugrundelegung des § 35 der K.-O. So hat auch thatsächlich die Kommission zur Beratung des K.-O.-Entwurfs die Auffassung gehabt, dass die Zurückforderung von nur zur Sicherung des Gemeinschuldners dienenden Urkunden aus der Konkursmasse durch § 35 K.-O. nicht ausgeschlossen werden soll.[5])

II. Ausübung des Rechts.

Art und Umfang der Rechtsausübung.

§ 11.

Sind die die Ausübung des Rechts bedingenden Voraussetzungen eingetreten, d. h. ist die versicherte Forderung fällig,

---

[1]) Vgl. Lang, Arch. a. a. O. S. 341, 342.
[2]) Vgl. Kohler, Jahrb. a. a. O. S. 354.
[3]) Vgl. Hellwig, Arch. a. a. O. S. 387.
[4]) Vgl. Regelsberger, Pand. S. 519; Kohler, Jahrb. a. a. O. S. 358.
[5]) Vgl. Lang, Arch. a. a. O. S. 345.

und steht bei der Verpfändung kein Bedingtsein des Pfandver-
hältnisses im Wege, so darf sowohl der Forderungspfandgläubiger
wie der Sicherungscessionar Befriedigung suchen aus dem angewiesenen Objekt, d. h. dort aus der verpfändeten, hier aus der
cedierten Forderung. Der Cessionar kann in diesem Falle jeden
Weg der Verwertung der cedierten Forderung beschreiten, es
steht ihm frei, dieselbe einzuziehen, auf einen Gegenanspruch des
Drittschuldners zu kompensieren, sie zu delegieren, sie zu novieren, sie zu verkaufen; kurzum: auf alle Weise kann er wie
jeder andere Gläubiger mit der Forderung verfahren, um zu
seiner Befriedigung zu gelangen. Aber auf welchem Wege er
auch sein Ziel erreicht, stets ist er verpflichtet, bei der Ausübung seines Rechts das volle Interesse des Cedenten wahrzu-
nehmen und nach Realisierung des Leistungsgegenstandes dem
Cedenten den Überschuss herauszuzahlen, widrigenfalls er vom
Cedenten mit der actio fiduciae dazu gezwungen werden kann.
— Dem Forderungspfandgläubiger steht [1] das Recht zu,[2] die
Forderung einzuziehen oder zu verkaufen. An erster Stelle steht
ihm das ius exigendi[3] zu als Analogon zu dem Besitzrecht beim
Sachenpfandrecht,[4] und zwar wird es ihm von allen Rechts-
lehrern zuerkannt. Das Recht der Eintreibung ist der vorteil-
hafteste Weg, auf welchem der Forderungspfandgläubiger (und
nicht zum Nachteil seines Schuldners) zu seiner Befriedigung
gelangt, und deshalb hat die Jurisprudenz diese Art der Ausübung an die erste Stelle gesetzt. An zweiter Stelle als ein
nicht weniger quellenmässiges[5] Mittel, die Ausübung zu bewerk-
stelligen, steht das ius distrahendi, das Analogon des Verkaufsrechts beim Sachenpfandrecht. Diese Art der Ausübung stellt
sich als eine für den Pfandgeber weniger vorteilhafte dar, denn,

---

[1] Nach der herrschenden Ansicht.

[2] Jedoch nicht zu freier Wahl, wie es gelehrt wird von Windscheid, Pand. § 239 N. 9; Marcus a. a. O. S. 33; Bremer a. a. O.
S. 212.

[3] Vgl. l. 18 pr. D. de pign. act. 18, 7; l. 4 C. quae res pignori 8, 16.

[4] Vgl. Oertmann a. a. O. S. 98; Sohm a. a. O. S. 27.

[5] Vgl. l. 7. C. de hered. vel act. vend. 4, 39: postquam eo de-
cursum est, ut cautiones quoque debitorum pignori darentur, ordi-
narium visum est, ut post nominis venditionem utiles emptori, sic (ut
responsum est) vel ipsi creditori postulanti dandas actiones.

da ein eventueller Käufer wohl nie den Nennwert der Forderung
zahlen wird, wobei ausserdem die lex Anastasiana keine Anwendung findet,[1] so wird mit einem solchen Verkauf stets eine
Schädigung des Gläubigers der verpfändeten Forderung, also des
Pfandgebers, verbunden sein. Es rechtfertigt sich dadurch der
notwendige Vortritt[2] des ius exigendi vor dem ius distrahendi,
welches unrichtigerweise in neuerer Zeit[3] auf Grund der mit
der Krügerschen[3] Textverbesserung Hand in Hand gehenden
Auslegung der l. 7 C. de hered. vel act. vend. 4, 39 dem Forderungspfandgläubiger gänzlich abgesprochen wird. Durch den
Verkauf der Forderung soll die Ausübung des Gläubigerrechts
nur herbeigeführt werden, wenn die Eintreibung unthunlich, wie
so oft in der Wirklichkeit, oder unzweckmässig ist. Nach Krüger
wird die erwähnte Stelle so verstanden, dass von dem Verkauf
einer Forderung seitens des Forderungspfandgläubigers nicht die
Rede ist; sie soll feststellen, dass der Forderungspfandgläubiger
eine actio utilis habe, gerade wie der emtor nominis, der von
irgend einem Gläubiger eine Forderung käuflich erworben. Dem
gegenüber hat Eisele diese Stelle wieder dem ius distrahendi zu
retten versucht. Eisele erkennt[4] das Verdienst Krügers um die
Verbesserung des Textes an, legt jedoch die verbesserte Stelle
unter Verwerfung der Krügerschen Auslegung zu Gunsten des
von uns angenommenen Verkaufsrechts aus, und es dürfte thatsächlich die Auslegung der Stelle, die Eisele gibt, überzeugender
sein.[5] Nach ihm ist die actio utilis dessen, der von dem Forderungspfandgläubiger das verpfändete nomen gekauft hat, älter,
als die actio utilis des Forderungspfandgläubigers selbst, die sich
vielmehr an jene angeschlossen hat.[6] Dementsprechend erkennt
das römische Recht dem Forderungspfandgläubiger ausdrücklich

---

[1] Vgl. Eisele, Arch. f. c. Pr., Bd. 65 S. 117 Anm.
[2] Vgl. Dernburg, Pfandr. I S. 462. 465: Sohm a. a. O. S. 85.
[3] Vgl. Krüger a. a. O. S. 115 f.; Hellwig, Verpf. S. 33; Exner
a. a. O. S. 147 und kr. V.-J.-Schr. Bd. 16 S. 442; Pfaff a. a. O. S. 52.
[4] Vgl. Eisele, Jahrb. a. a. O. S. 298 ff.
[5] Vgl. Oertmann a. a. O. S. 98: „Dass diese Stelle hierher ge-
hört (d. i. so auszulegen ist), erscheint nach den Ausführungen Eiseles
aus rechtshistorischen Gründen als ausgemacht."
[6] Vgl. Eisele, Jahrb. a. a. O. S. 307.

das ius distrahendi zu.[1] — Auch bei der Pfändung wird an
erster Stelle die Befugnis zur Einziehung erteilt. Daneben kommt
Überweisung an Zahlungsstatt und schliesslich jede anderweitige
Verwertung, z. B. Verkauf, als Art der Rechtsausübung vor.[2]
Die Klage, die dem Sicherungscessionar zwecks Befriedigung zusteht, ist eine actio utilis suo nomine; die Klage, mit
welcher der Forderungspfandgläubiger sein Recht geltend macht,
ist dieselbe, welche dem Verpfänder gegen den Drittschuldner
zusteht und sich deshalb darstellt als eine actio in personam
utilis. Das innere Rechtsverhältnis zwischen Verpfänder und
Pfandgläubiger regelt die actio pigneraticia, die dem Verpfänder
als directa zusteht und auf Herausgabe der hyperocha gerichtet
ist, und die dem Pfandgläubiger als contraria die Rechtsbeständig-
keit der verpfändeten Forderung garantiert. Das Rechtsverhältnis
zwischen Cedent und Cessionar wird durch das pactum fiduciae
geregelt, aus welchem zum Schutz des Cedenten die actio fiduciae
directa entspringt und die Herausgabe des Überschusses erwirkt
wird, welches andererseits dem Cessionar die actio fiduciae contraria gibt und ihm die Verität des nomen sichert. — Es bleibt
noch hervorzuheben, dass sowohl der Cessionar, wie der Forderungspfandgläubiger, wenn er Zahlung vom Drittschuldner verlangt, sich diesem gegenüber als Forderungsberechtigter legiti-
mieren und gegebenenfalls den Drittschuldner sicherstellen muss
gegen den Cedenten resp. Verpfänder. Es gilt auch hier der
Satz: Wer sich auf ein Recht stützt, muss es beweisen.[3]
Was den Umfang der Ausübung betrifft, so steht dem Sicherungscessionar die ganze cedierte Forderung zur Verfügung. Er
darf sein unbeschränktes Gläubigerrecht geltend machen und
deshalb die ganze Forderung in Geld umsetzen, um sich daraus
zu befriedigen. Ein gleiches Recht, die verpfändete Forderung
in vollem Umfang einzutreiben oder zu verkaufen, steht auch
dem Forderungspfandgläubiger zu.[4] Ist die verpfändete Forde-

---

[1] Heute anerkannt von: Windscheid, Pand. § 239; Vangerow, Pand. § 368; Dernburg, Pfandr. I S. 469, 470; Oertmann
a. a. O. S. 101 f.; Bürkel a. a. O. S. 221.
[2] Vgl. C.-P.-O. § 786 und § 743. Das neue B. G.-B. § 1282 kennt
nur Einziehung.
[3] Vgl. Hellwig, Verpfändg. S. 151, 152.
[4] Entgegen der herrschenden Meinung.

rung auf einen anderen Leistungsgegenstand gerichtet, als auf
Geld, so darf er, und das wird von Allen anerkannt, auch wegen
der kleinsten Leistung den ganzen Schuldgegenstand vom Drittschuldner beanspruchen. Handelt es sich aber um eine Geldleistung,
so darf er, der verkehrten herrschenden Lehre zufolge [1]) nicht mehr
vom Drittschuldner eintreiben, als die versicherte Forderung beträgt. Man stützt sich dabei auf l. 4. C. quae res pignori 8, 16.
Es soll allerdings dem Drittschuldner freistehen, den ganzen
Betrag, statt an den Verpfänder, an ihn zu zahlen, und zwar
mit Befreiung dem Verpfänder gegenüber. [2]) Darauf ist zu er-
widern, dass die Konsequenz es fordert, dem Pfandgläubiger
das Recht zuzusprechen, die ganze ihm verpfändete Forderung
auch ganz einzutreiben. Die herrschende Lehre legt, wie Hellwig
richtig sagt [3]), in die Stelle etwas hinein, was in ihr gar nicht
zum Ausdruck kommen sollte. Es ist nirgends davon die Rede,
dass der Pfandgläubiger „mehr verlangte“, als seine Forderung
gegen den Verpfänder betrug. Der Kaiser Alexander wollte
durch die Stelle nur bestimmen, „es sei nicht nur das Bestehen
der Forderung, wegen der verpfändet ist und deren Betrag der
Gläubiger verlangt, sondern auch die verpfändete Forderung
Voraussetzung des erhobenen Anspruchs und vom Kläger zu
beweisen“. [4]) Es sollte demnach absolut nicht der Satz auf-
gestellt werden, der Pfandgläubiger dürfe unter keinen Umständen
die ganze verpfändete Forderung eintreiben; vielmehr muss ihm
dieses Recht zugesprochen werden mit der selbstverständlichen
Einschränkung, dass der Verpfänder einen persönlichen Anspruch
auf Herausgabe des Überschusses hat. — Der Drittschuldner
kann sich nun auf doppelte Weise befreien: erstens, indem er
das Objekt der verpfändeten Forderung leistet und den Verpfänder dadurch indirekt befreit; und sodann, indem er das
Schuldobjekt aus der versicherten Forderung leistet und dadurch

---

[1]) Vgl. Windscheid, Pand. § 239 N. 11; Dernburg, Pfandr. I
S. 466; Schmid I S. 183 ff.; Bremer a. a. O. S. 215; Eberhard
a. a. O. S. 85.
[2]) Vgl. Bremer S. 215; Eberhard S. 35.
[3]) Vgl. Hollwig, Verpfändg. S. 172.
[4]) Vgl. Hellwig a. a. O. S. 173; Keller, Pand. § 201 Anm. 1;
Marcus a. a. O. S. 36 f.

den Verpfänder direkt befreit, dafür aber eine Kompensations-
einrede ihm gegenüber erwirbt. [1])

Inhalt des Rechts der Ausübung.

§ 12.

Zieht der Sicherungscessionar die ihm cedierte Forderung
ein[2]), so erwirbt er an dem Leistungsobjekt ein der Parteiab-
sicht entsprechendes Recht. Für gewöhnlich wird dieses Recht
das Eigentumsrecht bedeuten, da die Cession ein quasi-dinglicher
Vorgang ist[3]) und der Cessionar zum quasi-Eigentümer wird.
Handelt es sich aber um einen Restitutionsanspruch, also um
Rückleistung einer Sache, die sich schon im Eigentum des Cedenten befindet, so muss die Interpretation des Parteiwillens er-
geben, ob das dingliche Recht mit übertragen wurde[4]) und der
Cessionar Eigentümer werden, oder ob der Cessionar nur ein
Pfandrecht an der restituierten Sache oder gar nur ein Re-
tentionsrecht haben sollte.

Macht der Forderungspfandgläubiger von seinem ius exigendi
Gebrauch, dann soll er den eingezogenen Schuldgegenstand,
wenn er in Geld besteht, mit der versicherten Forderung kompensieren, besteht er aber in einer Sachspezies, so soll ihm ein
Pfandrecht an dem eingezogenen Gegenstande zustehen. So
lautet der Ausspruch der Quellen.[5]) Danach erwirbt der Pfandgläubiger an der eingezogenen Sache ausdrücklich ein Pfandrecht,
mag die Sache für den Verpfänder eine neue oder restituierte
sein; er erwirbt weder Eigentum[6]), noch nur Retentionsrecht[7]),
weil, wenn die Römer dieses durch „pignoris loco" hätten aus-

---

[1]) Vgl. Hellwig, Verpfändg. S. 171, 172.
[2]) Es kommt nur die Eintreibung in Betracht.
[3]) Vgl. Regelsberger, Arch. S. 180.
[4]) Vgl. Windscheid, Pand. § 337 N. 4.
[5]) Vgl. l. 18 D. de pign. act. 13, 7: ergo si id nomen pecuniarium
fuerit, exactam pecuniam tecum ‘pensabis, si vero corporis alicuius
id quod acceperis erit tibi pignoris loco. l. 13 § 2 D. de pign. et
hyp. 20, 1: si quidem pecuniam debet is, cuius nomen pignori datum
est, exacta ea creditorem secum pensaturum: si vero corpus is debuerit
et solverit, pignoris loco futurum apud secundum creditorem.
[6]) Vgl. Hellwig, Verpfändg. S. 182, Pfersche a. a. O. S. 217 f.
[7]) Vgl. Mühlenbruch S. 525; Trotsche S. 120 f.

drücken wollen, es unbedingt eines Zusatzes bedurft hätte, um
dem „pignoris loco" diese ungewöhnliche Bedeutung zu geben
Diese einfache und ungeschmückte Ausdrucksweise aber lässt
keinen Zweifel aufkommen, dass die Quellen nur an ein Pfandrecht[1]) gedacht haben. „Hält man als ein Prinzip des Pfandrechts fest, dass das Recht des Pfandgläubigers sich auf alles
erstreckt, was sich aus dem Pfandobjekte nach den dasselbe
seinem Zwecke nach treffenden rechtlichen Veränderungen ent-
wickelt, so ergibt sich jener Satz als eine Folge hieraus".[2])
Und Dernburg[1]) bemerkt treffend: „Der Schuldner, welcher
seine Forderung verpfändet und dem Pfandnehmer die Bei-
treibung zu pfandrechtlichen Zwecken verstattet, drückt von
vornherein implicite die Absicht aus, dass nach der Einnahme
das Geleistete als Pfand diene (pignoris loco esse)". Besteht
die eingezogene Leistung aber in Geld, so fällt auch die exacta
pecunia zunächst nur in den Pfandbesitz und das Pfandrecht
des Gläubigers,[3]) und es bedarf erst der Kompensation, um dem
Pfandgläubiger dauerndes Haben desselben zu verschaffen.[4]) Es
wird an dem eingezogenen Geld nicht unmittelbar Eigentum erworben,[5]) da ja die Befriedigung des Pfandgläubigers nicht so-
gleich mit der exactio pecuniae eintritt, sondern erst dann, wenn
er das (und zwar nur das ihm gebührende) Geld mit dem seini-
gen vermischt oder ausgibt oder sonst in sein Vermögen übergehen lässt, wenn er secum pensiert; bis zu diesem Augenblick
ist das Geld noch Pfand.[6]) Eine solche Auslegung unserer
Stelle gebietet zudem die Konsequenz des oben aufgestellten
Satzes, dass der Pfandgläubiger die ganze Geldforderung ein-

---

[1]) Vgl. Dernburg, Pfandr. I S. 467 f.; Vangerow, Pand. I
§ 368 Anm. 1; Sintenis, Pfandr. S. 156 f.; vgl. dazu § 2 N. 10 der
Ausführung.

[2]) Vgl. Marcus a. a. O. S. 51.

[3]) Vgl. l. 7 § 1 D. qui potiores 20, 4.

[4]) Vgl. Schmid Bd. 1 S. 120.

[5]) Wie Sohm (a. a. O. S. 112) und mit ihm die bisher herrschende
Meinung will. Kretschmar (a. a. O. S. 86 ff.) nimmt zwar Eigen-
tumsübergang an, aber die Pfandschuld wird nach ihm auch erst
durch secum pensare getilgt.

[6]) Vgl. Marcus S. 52; Eberhard S. 33; Bremer S. 172;
Schmid I S. 120; Exner a. a. O. N. 301; Pfaff S. 28.

treiben darf. Ist die Kompensation vom Pfandgläubiger geltend gemacht, so erwirbt er Eigentum an dem ihm gebührenden Teil der eingezogenen Geldleistung; ist ein plus da, so ist er zur Herausgabe an den Verpfänder verpflichtet, stellt sich ein minus heraus, so behält er dem Verpfänder gegenüber einen Anspruch auf den nichtbefriedigten Teil seiner Forderung. Es steht nunmehr also fest, dass der Pfandgläubiger durch die Eintreibung für sich ein Sachenpfandrecht und notwendig für den Verpfänder Eigentum erwirbt. Aber wie rechtfertigt sich dieser Erwerb des Pfandrechts aus der Person des Drittschuldners?[1]) Auf direktem Wege wird dies allerdings eine Unmöglichkeit sein, dafür aber führt ein Umweg uns auch zum Ziel. Damit der Pfandgläubiger an der geleisteten Sache Pfandrecht erwerbe, überträgt er auf den Verpfänder zunächst das Eigentum durch das Mittel des constitutum possessorium und behält dann die Sache pignoris loco zurück.[2]) In dem praktischen Leben wird sich dies durch irgend eine Mitteilung oder durch eine sonstige offenkundige Handlung bewirken lassen.

Im übrigen mag erwähnt werden, dass auch nach dem neuen bürgerlichen Gesetzbuch für das deutsche Reich[3]) „mit der Leistung (auf einen Sachgegenstand) der Gläubiger den geleisteten Gegenstand und der Pfandgläubiger ein Pfandrecht an dem Gegenstande erwirbt". Inbezug auf die Geldforderung hat sich das bürgerliche Gesetzbuch[4]) auf den oben[5]) dargelegten Standpunkt der bisher herrschenden Meinung gestellt.

Rechtsverhältnis mehrerer Gläubiger.

§ 13.

Treten mehrere Cessionare gegen den Drittschuldner auf und verlangen von ihm Befriedigung auf Grund einer abgeschlossenen Sicherungscession, so kann nur ein einziger als Forderungsberechtigter in Betracht kommen, da die Cession nur

---

[1]) Vgl. Hellwig, Verpfändg. S. 26 f., der die Möglichkeit einer Rechtfertigung für ausgeschlossen hält.
[2]) Vgl. Oertmann a. a. O. S. 100.
[3]) Vgl. B.-G.-B. § 1287.
[4]) Vgl. B.-G.-B. § 1282.
[5]) Vgl. vorige Seite (45) bei Anm. 5.

einmal wirksam vorgenommen werden konnte. Daher braucht
auch der Drittschuldner nur einmal zu zahlen, und zwar nur an
den, der sich ihm gegenüber legitimiert.

Begehren mehrere Forderungspfandgläubiger Zahlung vom
Drittschuldner, so fragt es sich, wie sich ihre Ansprüche zu einander verhalten und in welcher Weise die einzelnen ihre Rechte
ausüben können. Da eine mehrmalige Verpfändung möglich ist,
so können auch alle Pfandgläubiger sich auf Rechtsgeschäfte
berufen, die für jeden ein giltiges Pfandrecht entstehen liessen,
und auf Grund deren sie jetzt Befriedigung verlangen. Reicht
die Forderung zur Befriedigung aller nicht aus, so ist es nötig,
die Rangordnung der verschiedenen Berechtigten zu bestimmen.
Der Augenblick der Denunziation kann nicht entscheidend sein,
da der Denunziation ja überhaupt keine konstitutive Bedeutung
beigelegt wurde. Es richtet sich das Rangverhältnis nach der
Zeit der Pfandkonvention. Wie das Recht des ersten Pfandgläubigers dem des Verpfänders vorgeht, so geht das früher bestehende Pfandrecht dem später entstandenen vor. Das Alter
hat den Vorzug.[1] Treten nun mehrere Pfandgläubiger auf, und
es ist die Priorität eines von diesen unbestritten, so muss der
Drittschuldner an diesen leisten; ist das Alter streitig, so darf
sich der Drittschuldner wegen Ungewissheit des Forderungsbe-
rechtigten durch gerichtliche Deposition befreien.[2]

Eine theoretische Konstruktion dieses ganzen Altersvorzuges
ist schwierig, wenn nicht gar unmöglich. Wenn man in Erwägung zieht, dass alle Rechte, welche der Verpfänder hatte,
sich nur auf die Forderung bezogen, dass er über den Gegenstand derselben keine unmittelbare Herrschaft besass, dass ihm
an dem Leistungsobjekt gar kein Recht zustand, dann konnte
auch der erste Pfandgläubiger vom Verpfänder kein vorher be-
stehendes Recht an der Sache selbst erwerben und sicherlich
kein bevorzugtes Pfandrecht. Jedenfalls entsteht auch nicht
schon durch die Verpfändung der Forderung ein wirksames
Pfandrecht an dem Objekt derselben, da ein Pfandrecht an einer
res aliena[3] undenkbar ist. Ebenso ist die Annahme der Ver-

---

[1] Vgl. Hellwig, Verpfändg. S. 137, 155; Stöcker a. a. O. S. 380 f.
[2] Vgl. Hellwig, Verpfändg. S. 155.
[3] Vgl. Dernburg, Pfandr. I S. 461 f.

wandlung des Pfandrechts an einer Forderung in ein solches an
der Sache [1]) eine juristisch sehr gewagte. Es würde zu weit
führen, wollten wir hier diese schwierige Frage, wie in diesem
Fall das Pfandrecht zu erklären ist, verfolgen. Trotzdem, wenn
wir uns auch an keine Erklärung heranwagen, muss es als ein-
leuchtend erscheinen, dass es notwendig in der Absicht der
Parteien liegt, dass der erste Pfandgläubiger auch zuerst ein
Befriedigungsrecht aus dem Gegenstande haben solle. Es muss
ein etwaiger Vorzug des Geltendmachungsrechts der Forderung
sich auch mittelbar auf das Objekt übertragen. Dieses wirklich
vorhandene bevorzugte Recht würde wirkungslos sein, wenn es
nicht ein entsprechend bevorzugtes Pfandrecht an dem Leistungsobjekt zur Folge hätte.[2]) Die Praxis hat sich an diese theoretische Schwierigkeit nicht gestört und erkennt einen Vorzug
zwischen den Pfandgläubigern an, die ihre Rechte von dem-
selben Verpfänder herleiten.[3])

Viertes Kapitel.

Beendigungsgründe.

Aufhebung der entstandenen Rechte.

§ 14.

Sowohl die Sicherungscession, wie das Forderungspfandrecht
hat, da beides persönliche Rechte sind, mit den persönlichen
Rechten die allgemeinen Aufhebungsgründe gemeinsam. Es erlöschen daher die aus der cessio in securitatem und aus der
Forderungsverpfändung entstandenen Rechte durch Erfüllung seitens des Drittschuldners sowohl, wie durch die Rechtsausübung
des Cessionars resp. Pfandgläubigers. Sie erlöschen durch die
vom Drittschuldner geltend gemachte Kompensation mit einer
ihm gegen den Cessionar resp. Pfandgläubiger zustehenden Forde-

---

[1]) Vgl. Bremer a. a. O. S. 169.
[2]) Vgl. Windscheid, Pand. § 239 N. 12.
[3]) Vgl. zu der ganzen Frage: Stöcker a. a. O. S. 382 f.

rung; ferner durch Verjährung der verpfändeten Forderung wie
der Pfandforderung [1]) bei der Forderungsverpfändung, und durch
Verjährung der in securitatem cedierten Forderung bei der Sicherungscession; [2]) sodann durch Verzicht seitens des Cessionars
resp. Pfandgläubigers, wenn die Forderung gegen den Drittschuldner denselben Inhalt hat, wie die gegen den Cedenten
resp. Verpfänder begründete. Endlich soll geprüft werden, ob
auch die confusio das Pfandrecht und das in securitatem cedierte
Recht aufhebt. Es sind drei Fälle der confusio möglich.

a) Konfusion[3]) zwischen dem Cessionar resp. Pfandgläubiger
und dem Cedenten resp. Verpfänder.

Dieser Fall ist der einfachste. Beerbt der Cedent den
Cessionar, so wird der Cedent wieder Gläubiger in der dem Cessionar übertragenen Forderung, und der obligatorische Anspruch,
den der Cedent gegen den Cessionar hatte, ist untergegangen.
— Beerbt der Verpfänder den Pfandgläubiger, so geht die versicherte Forderung unter und infolgedessen auch ihr Accessorium,
das Pfandrecht. Dagegen steht es dem Verpfänder frei, die
verpfändet gewesene Forderung wieder auszuüben.

b) Konfusion zwischen dem Cedenten resp. Verpfänder und
dem Drittschuldner.

Beerbt der Cedent den Drittschuldner, so erscheint nichts
Aussergewöhnliches. Es stehen dem Cessionar zwei Forderungen
zu gegen die Person des Drittschuldner-Cedenten, und zwar die
versicherte wie die cedierte Forderung. Es ist ganz natürlich,
dass er sich nur Befriedigung verschaffen darf bis zum Betrag
der versicherten Forderung. Der Anspruch aus beiden Forderungen. steht ihm nicht kumulativ zu. Zieht er die cedierte
Forderung ein, und sie bietet ihm keine genügende Befriedigung, so steht ihm auch das ius exigendi inbezug auf die versicherte Forderung zu, und mag diese eine Sach- oder Geld-

---

[1]) Hier wird jedoch nach der richtigen Ansicht Hellwigs (Verpf.
S. 237) durch Verjährung der Pfandforderung das Pfandrecht nicht
aufgehoben.

[2]) Durch Verjährung der versicherten Forderung wird nicht auch
das Recht aus der Sicherungscession aufgehoben.

[3]) Der Einfachheit halber soll nur die Beerbung als Konfusions-
grund besprochen werden.

leistung zum Inhalt haben, der Cessionar darf auch diese Forderung
ganz einziehen, ist aber zur Herausgabe des Überschusses verpflichtet. Findet der Cessionar seine Befriedigung schon durch
die Einziehung einer von beiden Forderungen, so wird die andere
aufgehoben durch eine peremptorische Einrede seitens des Drittschuldner-Cedenten. — Wird der Verpfänder durch Beerbung
Rechtsnachfolger des Drittschuldners, so wird die Forderung,
die dem Verpfänder gegen den Drittschuldner zustand, durch
confusio aufgehoben, und mit derselben müsste auch ihr Accessorium, das Pfandrecht, untergehen.[1] Darin aber liegt dem
Pfandgläubiger gegenüber eine zu grosse Unbilligkeit, und daher
erklärt es sich, wenn man[2] nach einem Wege sucht, diese Unbilligkeit zu umgehen. Wenn Windscheid kategorisch erklärt:
„Der Pfandgläubiger hat die Macht, von dem früheren Schuldner
resp. dessen Erben eine Leistung, wie sie kraft der verpfändeten
Obligation gefordert werden könnte, kraft seines Pfandrechts
einzutreiben",[3] so ist das keine das Bestehenbleiben des Pfandrechts begründende Erklärung, und es kann jeder Andere mit
derselben Bestimmtheit behaupten, dass es nicht so ist. Mehr
befriedigt die Erklärung Dernburgs.[4] Nach ihm geht die Forderung zwar unter, sowohl weil es an einem Klageberechtigten
fehlt, als auch weil im Erbschaftsantritt eine Selbstzahlung[5]
liegt. Hier aber muss daran gedacht werden, dass es dem Verpfänder untersagt ist, nach der Verpfändung die Forderung ein-
zuklagen oder Zahlung anzunehmen; daher bleibt er denn als
Erbe des Drittschuldners verpflichtet, an den Pfandgläubiger
aus der verpfändeten Forderung zu leisten neben seiner Ver-
pflichtung, als Verpfänder die ursprüngliche, versicherte Schuld
zu zahlen. Auch hier steht der Anspruch aus beiden Forderungen dem Pfandgläubiger nicht kumulativ zu. Wie oben der

---

[1] So lehrt Bremer S. 156; Marcus S. 57.
[2] Vgl. die herrschende Lehre: Windscheid, Pand. § 248 N. 12;
Dernburg, Pfandr. I S. 474, 475; Hellwig, Verpfändg. S. 131;
Schmid I S. 128 f.; Exner a. a. O. S. 144 f.
[3] Vgl. Windscheid, Pand. § 248 N. 12.
[4] Vgl. Dernburg, Pfandr. I S. 474, 475.
[5] Vgl. l. 71 und l. 50 D. de fideiuss. 46, 1; und l. 41 § 2 D. de
evict. 21, 2.

Drittschuldner-Cedent, haftet hier der Drittschuldner-Verpfänder nur bis zur Höhe der versicherten Forderung.

c) Konfusion zwischen dem Cessionar resp. Pfandgläubiger und dem Drittschuldner.

Beerbt der Cessionar den Drittschuldner, so geht die cedierte Forderung unter.[1]) Indem aber Gläubigerperson und Schuldnerperson zusammenfallen, findet eine Selbstzahlung des Gläubigers statt. Dieser Vorgang hat für den Cedenten die Wirkung, dass er dem Cessionar verpflichtet bleibt, wenn die ursprüngliche, cedierte Forderung zur Befriedigung des Gläubigers nicht ausreicht, und dass er andererseits einen Anspruch auf den etwaigen Überschuss hat. — Beerbt der Pfandgläubiger den Drittschuldner, so berührt das die versicherte Forderung nicht, aber auch die verpfändete Forderung bleibt bestehen, da Gläubiger und Schuldner ja getrennte Personen sind. Aber durch den Zusammenfall der Pfandgläubiger- und Drittschuldner-Person kommen die Wirkungen des Pfandrechts in Wegfall, jedoch nur soweit, „als der Sicherungszweck durch die Personenidentität zwischen Drittschuldner und Gläubiger realisiert ist",[2]) da die Konfusion nur insoweit ihre rechtsvernichtenden Wirkungen äussert, als der Zweck des Rechts durch sie erfüllt ist. Mag nun der Verpfänder seine Forderung einziehen wollen sowohl von seinem Schuldner, als auch vom Pfandgläubiger als Erben seines Schuldners, es steht ihm von seiten des Drittschuldner-Pfandgläubigers stets eine Einrede entgegen; diesem steht andererseits als Pfandgläubiger die Befugnis zu, in Ausübung seines Pfandrechts die Forderung des Verpfänders direkt aufzuheben.[3]) Macht er von seinem Kompensationsrecht aber keinen Gebrauch, so steht ihm[2]) ein pignus debiti zu, ein Pfandrecht an eigner Schuld, dessen Realisierung er nur durch Verkauf bewirken kann.[4])

—————

[1]) Vgl. Dernburg, Pfandr. I S. 474; Hellwig, Verpfändg. S. 133, 184.

[2]) Vgl. Oertmann a. a. O. S. 92.

[3]) Vgl. Windscheid, Pand. § 239 N. 12 b.

[4]) Vgl. Bremer a. a. O. S. 157.

.